表达者的红利

EXPRESSER'S
DIVIDEND

嘉琪◎编著

中国言实出版社

图书在版编目(CIP)数据

表达者的红利 / 嘉琪编著. -- 北京：中国言实出
版社, 2022.11
ISBN 978-7-5171-3446-6

Ⅰ.①表… Ⅱ.①嘉… Ⅲ.①语言表达—通俗读物
Ⅳ.①HO-49

国版本图书馆CIP数据核字(2022)第220405号

表达者的红利

责任编辑：薛　磊
责任校对：李　岩

中国言实出版社出版发行
地址：北京市朝阳区北苑路180号加利大厦5号楼105室（100101）
编辑部：北京市海淀区花园路6号院B座6层（100088）
电话：64924853（总编室）　　64924716（发行部）
网址：www.zgyscbs.cn
E-mail：zgyscbs@263.net

经销：新华书店
印刷：河北盛世彩捷印刷有限公司
版次：2023年1月第1版　　2023年1月第1次印刷
规格：880毫米×1230毫米　1/32　7.75印张
字数：149千字

定价：49.00元
书号：ISBN 978-7-5171-3446-6

序　言

　　只要学习好，你从小到大就会被老师重视，被父母喜欢；只要学习好，你从小到大就会被亲戚赞扬，被同学羡慕。然而有一天，当你走出校园、进入社会以后，你发现仅仅学习好是不够的，因为你不过是掌握了和知识"沟通"的技巧，却并没有掌握和人沟通的技巧。当你和同事沟通时，啰啰嗦嗦一大堆却抓不住重点；当你和领导沟通时，胆战心惊完全是一副弱势的面孔。更糟糕的是，你和朋友沟通时，总会因为说错话引起对方的误会；当你和恋人沟通时，也会因为不善言辞而遭人嫌弃甚至有孤独终老的前兆……这一切无时无刻不在向你发出警告：你正在失去人生的红利。

　　当然，你的不善表达并非因为智商不够高，也不能单纯地理解为情商太低，而是你没有掌握正确的表达技巧，以至于你要么抓

1

不住重点，要么没有传递出情绪，仅仅成为一个没感情、没逻辑的念稿机器，这样的人，在工作和生活中都是不讨人喜欢的。

或许你会说：我有丰富的情感和深邃的思想，我可以用文字抒发，也可以找默契的伙伴交流，不用非得在社交场合展示那笨拙的口才。然而真相是，比你思想深邃的人多的是，比你情感丰富的人也多的是，而且他们都比你更擅长表达，那么你就会在日常沟通中吃大亏：明明工作做得比别人好，却因为不善表达被别人抢功、被领导轻视；明明在感情上付出得比别人多，却因为不善表达被情敌打败、被恋人抛弃。面对如此残酷的事实，你真的该醒醒了。

既然表达能力如此重要，我们如何才能拥有它呢？其实，大多数人都拥有符合自身特色的语言表达能力，之所以看起来很"笨拙"，是因为你没有找到使用它的方法，等于拥有了一座金库却找不到钥匙。那么，你所要做的就是有意识地激活自己的表达欲望，用合理的方法撬开你的能力大门，通过不间断的训练和实践形成肌肉记忆，届时你会发现，自己原来并不是笨嘴拙舌之辈，之前不过是太过随心所欲、不懂得驾驭自己的表达能力罢了。

现代社会是一个人际关系复杂的社会，快节奏的生活让我们不断认识新人，也在不断更新原有的社交圈子，这就要求我们要更有智慧、更有锐气、更有科学的使用表达技巧，为我们赢得工作、生活、情感乃至整个人生中的红利。

本书通过新鲜、有趣的阐述，以丰富的案例为依据和参照，从实用出发，从个体的特性出发，分门别类地讲述在不同情境下的表达技巧，帮助你培养具有逻辑的表达方式，让你说出的每一句话都富含感情，成为一个出口成章且极具感染力的人，让更多的人发现并欣赏你的长处，愿意和你成为人生道路上的同行者。最终，你通过阅读本书，会发现语言表达不仅是一种工具，更是一扇通往新世界的大门，在那里你会发现更多的乐趣与满足。

目录

CONTENTS

03

第三章

谈婚论嫁，用技巧揭开情感密码

04

第四章

家中难念的经，破解靠话术

05

第五章

用技巧赢得获客红利

06

第六章

同事变知己，让你在职场有个好人缘

07 第七章
上级赏识，绝境变坦途

08 第八章
创业红利靠口才，走向巅峰告别低谷

CHAPTER

01

第一章

生人面前，好感度换社交红利

会说不如会听，会听不如会看

生活中我们可能都经历过这样的场面：满怀希望地找人办事，态度绝对诚恳，言辞非常温柔，结果人家冷冰冰甩出一句话就把我们拒绝了，弄得我们猝不及防，后来和别人说起这件事的时候，人家提醒我们：人家不是出了什么事嘛！哪有这时候求人的！想想也是，如果你避开了对方的情绪负面时段，换一天过去，或许不用态度多诚恳、言辞多温柔，事情都可能顺利办成，难怪有位心理学家说过："在世界的知识中，最需要学习的，就是如何洞察他人。"

沟通是一门语言的艺术，这话不假，可高级的沟通还要是一门洞悉人心的艺术。沟通的初级水平，是对方说什么就知道该接什么，沟通的高级水平，是对方没说话就知道该说什么，而这一切都和洞察力有关，正如那句俗语："出门观天色，进门看脸色。"那么，我们要观察哪些东西呢？

第一，观察眼神。

美国作家欧·亨利说过："人的眼睛是探照灯。"这并不是一句文艺感的话，其实也是有着科学根据的。现代心理学研究证明，人的眼睛可以反映出内心的变化，因为人的眼睛是人类认识和感受世界最重要的渠道，即使是一个善于伪装的老江湖，也很难遮掩住眼睛传递出的信息，总会在不经意间流露出某些真实的想法。

当我们和别人沟通时，通过眼睛可以获取到更多有价值的信息，这些信息能帮助我们做出最准确的判断，最直观的是观察对方的视线是否有变化。

如果你和对方沟通时，对方的视线没有放在你身上，那就意味着对方对你没有兴趣，根本不想搭理你，这传递出来两个信息：第一，你说的话对方确实不感兴趣，所以你必须适可而止，否则沟通就无法继续；第二，对方在意你说的话但是表面上不想展示出来，所以进行了伪装。那么，当对方在沟通时视线一直聚焦在你身上时，意味着什么呢？并不单单是对方对你的话感兴趣，也可能是出于礼貌和尊重不得已表现出关注，这就需要你尽快做出判断，比如通过转移话题来观察对方是否呈现出放松的信号，如果是这样，那就意味着之前的谈话确实令其不快，继续聊下去就没有"红利"可以让你"吃"了。

　　某家商场来了一位女性顾客，导购马上走过去，发现女顾客一直在盯着男装柜台，就开口问："这位女士，请问是给您的爱人还是好朋友选购呢？"本以为对方会马上回复，谁知女顾客含糊不清地"嗯"了一声就转头去了女装区，导购这才注意到，刚才走过来两个顾客，而女顾客一直在悄悄观察他们，导购猜测女顾客可能认识他们，却又不敢正大光明地挑选男装，那么她要送的对象有可能不是爱人而是未公开的恋人，于是导购假装不知地陪着女顾客看女装，等到服装区只剩下她们两个时，导购对女顾客说："现在男装打折，您要不要再看看？"话音未落，女顾客的视线再一次落在男装区，很快就在导购的介绍下购买了一套高级男装。

　　导购并没有和女顾客说几句话，却通过察言观色捕捉到了她微妙的情绪变化，从而抓住了商机，否则女顾客很可能出于隐私方面的顾虑而打消了购物的念头，那么导购也就流失了一笔提成的红利。

　　第二，观察对方的态度。

　　当我们有求于人的时候，因为心里着急，往往会把注意力集中在自己身上，想方设法说出自己的难处并希望说服对方，这就导致了自己没有机会好好观察对方，"察"和"观"的动作都没有，怎么能知道对方的想法呢？而且，想要了解对方的前提就是给予对方说话的机会，这样对方才能暴露出更多的信息，你才有机会抓取到红利。

国外有一位销售员推销收银机，进入一家小商店之后，遭到了店主粗暴的驱赶，对方明确表示不需要收银机，然而这位销售并不生气，反而笑着说："抱歉，你让我想起了另一家商店的老板，他也表示不感兴趣，后来却成了我们的老主顾。"随后，销售一边向店主展示收银机的优点一边询问店主的想法，只要店主表示不感兴趣时，他就会讲一个案例，比如某店主原本不想要收银机可最终还是购买了一台等等。结果，围观的人越来越多，最后店主竟然被说服了，购买了一台收银机。

这位销售之所以能够说服老板，在于他通过店主粗暴的态度推测出对方是一个观念保守、性格顽固的人，想要说服这种人就必须解开他们的心结，了解他们作为买家的使用痛点在哪里，然后通过案例证明自己产品的优越性，而如果一味按照话术套路去营销只会适得其反。

第三，观察当下的形势。

有的人也善于观察别人，能够窥测出对方的心理，却不知道如何利用这些信息。打个比方，我们通过观察微表情得知对方情绪不好，那可以回想一下最近几天是否发生了什么不愉快的事情，自己能否帮助对方化解或者安慰一下，这才能有效利用"不愉快"这个信息，达到自己的目的。

春秋时期，齐桓公和管仲商量如何进攻卫国。退朝回宫之后，有一位从卫国献来的妃子，看到齐桓公以后，先是大礼参拜，然后问齐桓公卫国犯了什么错。齐桓公好奇地问妃子是怎么知道的，妃子回答："我刚才看到大王进来时，高抬脚，迈大步，气场强横，这就是要进攻某国的迹象。另外，大王一看到我脸色也变了，这不就是要攻打卫国吗？"

作为一方霸主，态度骄横也是常有的事情，但是妃子能够和当前的政治环境相结合，从这种霸气和强横的态度下揣摩出齐桓公的军事计划，这就是在察言观色之后与时事相结合的巧妙运用，因此从这个角度看，我们所说的"观察"不仅仅是用眼睛观察，更要用脑子"观察"，看到的不仅是眼前的实体事物，还有看不见的时代背景、社会形势乃至各种错综复杂的关系。

学会察言观色，是我们在社会上立足的技巧，不论是面对同事客户还是亲人朋友，只有先用眼睛看"清"了，用耳朵听"懂"了，用脑子想"透"了，才能用嘴说"明"了，准确找到表达的要点，直击要害。

交情，从说话"矫情"开始

为什么有的人只凭几句话就能和陌生人建立交情呢？为什么有的人一开口就不受人待见呢？归根结底是在表达上存在差异。简言之，人与人的亲疏远近，往往受到沟通效果的影响，而沟通效果取决于你表达信息的方式是否具有感染力：感染力越强，对方越容易动情；感染力越弱，对方和你的关系就越平淡。

经过科学研究，人们发现情绪的感染源于本能，人与人在沟通时都会本能地模仿对方的表情和动作甚至是说话的节奏。国外一位心理学教授说："人的面部表情越真诚，表达能力往往越强，就会越吸引他人去模仿。人类面部和身体里的肌肉纤维能够在人无意识的情况下被激活，当你还没有发现时就已经开始去模仿他人的情绪了，这种模仿能力比你自主地表达情绪更容易。"

既然情绪在表达中有如此重要的地位，那么我们就要学会在表达中注入情感，至于如何把握，我们只需要记住一个关键词：

矫情。你没听错，人和人的交情能否建立起来，和你的表达是否"矫情"有密切关系。

当然，这里所说的矫情，并非那种蛮不讲理或者无病呻吟的矫情，而是让本来缺乏感情色彩的话变得有味道、有情调，从而带动对方的情绪，用我们的正面情绪去感染对方，从而拉近心理距离，从陌生变为熟悉，从熟悉变为生死之交，让你的社交圈子的默契程度加深，让你的每一句话都能产生有形或者无形的"红利"。

第一，塑造"矫情"的声音。

能够感染对方情绪的人，不仅需要掌握一定的表达技巧，还会塑造自己的声音，营造出一种悦耳动听的效果，从而引起对方在心理层面的共鸣。很多时候，对于听话者而言，你传递的信息往往不是对方最关注的，反而是你的心情、感觉和声音，这些会在谈话中起到重要的修饰作用。越是生动风趣的措辞，越能让对方接受你传递的信息。

在日常沟通中，音量大小能够影响到你的表达效果，在比较空旷的场地，声音要大一些，才能让更多的人听到，否则会遗漏你传递的信息。但是在相对封闭的空间，声音过大就像是在吵架，因此要根据不同的情况调整。这里有一个诀窍，如果你平时说话声音比较小，最好有意识地提高你的音量，因为声音小会让对方觉得你心虚或者不自信，当然声音太大则会显得你有些粗俗、缺乏涵养。总之，声音的高低能够影响听者的情绪，因为它会在变化中呈现出一种层次感。

在我们和别人沟通时，只有体现出鲜明的表达风格，才能让话语的感染力更强，这需要我们在交流中确立一种说话的标准。需要注意的是，声音的变化并非我们追求的终极目标，声音的效果更有实际意义，也就是说，我们要在交流中充满激情和活力，让沟通对象被我们深深吸引，这样就能打破陌生人之间的隔阂，也能让原本关系一般的朋友升级为挚友，因为他们的情绪在无形中被我们的声音带动起来。

第二，发出"矫情"的赞美。

人人都喜欢听好话，尤其是来自陌生人的赞美更具有"真实感"，因为熟人之间往往牵扯到一些利益关系、情感基础，所以要抓住这个心理特点做好赞美式的开场。需要注意的是，夸奖对方时要尽量找出不易被人发现的优点，而不能夸奖显而易见的优点，比如你和一个美女初次见面，夸对方长得漂亮就很难打动对方，不如夸她的穿衣打扮、她的文化品位这些"隐性优点"，这样更容易拉近关系。当然，在夸奖对方时一定要让对方感觉到你的诚意，不能一听就是阿谀逢迎之词，这样只会适得其反。比如，你第一次进入一个陌生公司的办公室，可以这样开场："这位老总，您的办公室装修得很有时尚味道，我走了这么多家公司，比您办公室大的有不少，可是有内涵的却只有您这一家。"这样的夸奖让对方感觉很真实，而不是简单粗暴地夸对方"您长得真是气度不凡"。让赞美多一点情感色彩，就能弱化彼此的陌生感，让对方产生了解你的欲望。

第三，使用"矫情"的开场白。

日常沟通少不了开场白，更不要说求人办事了，不夸张地讲，好的开场白等于表达成功了一半。那么，怎样通过开场白吸引对方呢？答案是激发起对方的好奇心。从心理学的角度看，好奇是人类的天性，也是推动人类产生各种行为的动机之一，尤其是陌生人之间的初次交往，更容易对彼此产生好奇，我们可以利用这种认知特点做好开场，比如你第一次见到一位潜在客户时可以这样说："请允许我提一个问题，您知道世界上最懒惰的东西是什么吗？"对方一听自然会觉得很好奇，就会问你原因，这时候你可以回答："就是您藏起来闲置的钱，它可以购买我们生产的电子保险箱，让您足不出户就能确保财产的安全。"通过制造话题感和神秘的气氛，能够引起对方的关注度，在解答谜题时就能将你要表达的内容顺理成章地讲出来。虽然听上去有些"矫情""弯弯绕绕"，但它能够营造一种有趣的沟通氛围，聊着聊着就来了兴趣，聊着聊着就拉近了关系。

第四，运用"矫情"的附和。

著名推销训练大师霍普金斯曾经推出了一个"NEADS"公式。在这个公式里，"N"代表现状，"E"代表享受和喜欢，"A"代表更改意愿，"D"是决策者，"S"是解决方案。在日常表达中，如果我们想要获得对方的好感，就要把重点锁定在"E"上。举个例子，当我们和一个陌生的客户初次见面时可以这样问："您现在从事什么工作?"不管对方回答何种职业，我们都可以表达出"我也喜欢"这个信息。这可不是在简单地拍马屁，而是传递给对方一种正面的情绪信息：我认同你的职业选择。听上去是带着感情色彩的交流，而不是简单地说"这个职业很好"。当然，只附和一句"我也喜欢"是不够的，我们还要适当补充一下理由："我最好的哥们儿和您从事同样的工作，他身上就有一种独特的气质，给人一种安全感。"这样一来，对方的"E"就被你搞定了，彼此产生了情感上的共鸣。

常言道：相随心生，境由心造。当你的心态变化时，面相也会跟着改变，当在沟通中发出悦耳的声音、讲出温暖的话语时，对方才有可能发自内心地微笑，这意味着他们的情绪被你带动起来了，他们意识到和你的沟通不是一次例行公事，也不是看似礼貌实则冷漠的客套，而是一种走心的交流，在此基础之上，你们才有建立信任感和安全感的可能，你的"矫情"表达就会把正面情绪传递给对方，让他们敞开心扉和你交往。

人生初见，三句话决定人气流量

　　人与人初次相见，"第一印象"非常重要，它能够决定你在对方心目中的位置，而你的位置就决定了你在社交圈子中的"排名"，名次越是靠前，你的流量就越多，红利自然也滚滚而来。那么，良好的第一印象要靠什么来争取呢？那就是开场的三句话。

　　所谓开场的三句话，主要是指见面寒暄的开场词，包含了礼貌的打招呼，也包含了向对方的示好、致敬甚至是献殷勤等等，别看只有寥寥几句话，却能够决定对方是否愿意和你展开持久深入的交流。

　　老宋求人办事，邀请了一些不熟的客人到饭店，眼看着约定的时间到了，有一些重要客人没来，老宋十分着急，又担心冷场，毕竟面前的这些客人都不熟，于是就随口说了一句："怎么搞的，该来的还没来？"有客人不满意了：该来的没来，那我们是不该来的了！于是生气地走了。老宋一看又急了："不该走的又走了呢？"

剩下的客人琢磨：走的是不该走的，那我们就是该走的了！于是这些客人也走了。结果还有一个客人没动，对老宋说："您这话说得不太合适啊。"老宋脱口而出："我说的不是他们啊！"这位客人一听：敢情是说我呗！头也不回地走了。

熟识的朋友之间，客套话都不能免，更不要说求人办事了，然而因为老宋的口不择言，把重要的开场三句话全都说砸了，哪个客人还能对这样的东道主有良好的第一印象呢？当然，上面这个故事有夸张的成分，不过现实生活中不会说话的也大有人在，只不过是输在遣词造句的毫厘之间，表面上听着是好话，可未必真的能帮你拉来流量。

事实上，由于每个人的性格和经历不同，你眼中的好听话也许会让对方反感，很难起到"对症下药"的作用。简单说要具备三个条件：第一，要有话题性，也就是沟通双方或多或少了解的事情，如果是对方擅长的事情那就最好了，否则就变成了自说自话，达不到"通"的效果；第二，要避免争议性，不要选择容易引发争论的话题，而是尽量选择开放性强的话题；第三，要有吸引力，能让对方顺着这个开场白进入正式的沟通环节。

詹姆斯·邦德是影视剧中知名的传奇特工，他不仅神勇无敌，而且极其善于和人打交道，特别是在"撩妹"方面有着惊人的技巧，由此和不少美女产生了浪漫的关系。在电影《皇家赌场》中，詹姆斯·邦德遇到女主角维斯帕·琳达时，知道这是一个不简单的女人，于是故作深沉地说："你的美貌是个问题，你担心别人不会认真看待你。"没想到，正是这句富含深意的话吸引了琳达的注意力，两个人关系迅速升温，最终演绎了一段浪漫的爱情故事。

在詹姆斯·邦德的这句话中，"你的美貌是个问题"首先委婉地表达了赞美，比直白地说"你真漂亮"更高明，而"你担心别人不会认真看待你"又指向了对方的内心世界，以一种独特的视角去审视女主角身上"令人心烦的美貌"，从侧面展示出说话者的深度，瞬间就在人群中变得非比寻常了。

当然，开场的三句话没有万能版本，我们必须要根据具体的对象来选择最合适的话题，通常可以从下面几个方向作为切入。

第一，请教对方。

每个人都或多或少存在着"好为人师"的心理，那么利用这种心理我们也能打开沟通的障碍，让对方对我们产生好感，这就是著名的"富兰克林效应"。

虽然富兰克林效应并不局限于沟通领域，但我们借助它的逻辑核心——向他人寻求帮助。初次见面，如果不知道聊什么好，就专门向对方请教其擅长的事儿，同样三句话就能搞定："您是做什么的""我有个问题想向您请教""幸亏认识您这种专业人士"三句话过后，你得到了指点，对方也获得了"传道授业"的满足感，对你自然就产生了良好印象，下次再张口求助对方，大概率会得到正面的回应。

第二，关注当下。

很多时候，我们不必刻意去寻找对方愿意聊的话题，毕竟你可能不知道对方的好恶，所以不如放开视角，寻找大家都会关注的现实话题，也就是说多着眼于彼此的共性，而不要拘泥于对方的特性，格局打开了，话题也就更广泛了。

有一个做石油生意的人，想要拉拢一个潜在客户，先是找到了中间人，希望对方帮忙介绍一下，生意人马上和中间人聊起来："您对现在的油价怎么看？"对方讲出自己的观点，生意人又说："我最近看了一篇有关页岩气的科普文章。"对方很感兴趣地问内容是什么，生意人说："内容深入浅出，跟咱们每个人都有关系。"紧接着就以页岩气为切入点，从开采价格高于沙特阿拉伯聊起，又谈到了风险投资（中间人从事金融行业），接着又谈到了页岩气的市场竞争力，最后聊到了世界级能源革命。于是，中间人也对石油和能源产生了兴趣，认为行业前景十分乐观，就痛快地把生意人介绍给了潜在客户。

生意人的三句话是提出问题、给出答案、分享心得，话题始终没有离开"能源"，而能源是和每个人的生活息息相关的，那么如何获取能源（买卖能源）就转变为谈话的关键。在和陌生人初次聊天时，聊当下、聊现实，总会找到共同关注的点，这样对方就会觉得你们日后可能有合作机会，就会把你纳入到人脉圈子里。

第三，发现诉求。

如果你能抓住对方的现实需求，成为"及时雨"一样的人物，那么你在对方心目中的地位就提高了。比如，你和一位陌生人打了招呼，同时发现对方拿着刚买的初中模拟真题，那么大概率这是一位担心孩子升学前途的家长，接下来你就可以连发三句话："您的孩子多大了"（确定是否有孩子）"现在学习压力不小啊"（寻找共鸣）"我认识几个资历深的辅导老师"（给出解决方案），这样一来，对方自然会很有兴趣，聊着聊着就发现你在线下教育方面有很多资源，对你的好感度自然就增加了。当然，如果你确实没有这方面的资源，也可以和对方聊聊教育孩子的经验心得什么的，甚至吐槽一下应试教育，这些其实都能和对方诉求相贴合，强化你们的共同点，提升你们之间的社交契合度。

卡耐基说过：如果想要交朋友并成为受人欢迎的说话高手，就要用热情去应对别人。三句话获得社交流量的方法有很多，其核心就是要求得心灵共鸣，这是最高层次的迎合，也是最有效的沟通，因为没有谁会对自己不感兴趣的人和事深谈，只有强化共同点甚至是创造共同点，才能真正拉近彼此的距离，为你的社交圈子增添新的人脉资源。

让人产生一见如故的感觉

人的一生都离不开表达，然而不是所有人都擅长表达，有的人面对熟人尚且能侃侃而谈，可一旦面对生人就变成了"聋哑人"。其实，和陌生人沟通的技巧是最重要的，因为它能帮助你拓展社交圈子，而每一个圈子背后都可能为你带来机遇，机遇就是红利，就是你人生走向高处的入口。

不过，有人可能对这种红利"不屑"，把"不要和陌生人说话"当成社交戒律，其实在很多场景中，陌生人并没有那么可怕，毕竟，我们从出生到长大，除了亲人之外，绝大多数人都是从陌生人变成了熟人。

"一见如故"在沟通中有着重要作用。"一见如故"是一种感觉，它的构成部分主要是情感共鸣，当然人和人之间的沟通很难从一开始就产生共鸣，这是受制于年龄、职业、阅历以及文化背景等多种因素造成的，要想制造这种感觉，就要分为三个阶段来完成：导入，也就是心理接触的开始；深入，也就是心理接触的中级阶段；最后是融入，也就是心理接触的高级阶段。

第一步，如何有效地导入？选择合适话题切入。

不是所有人都是亲和力爆棚的沟通大师，我们可能不害怕与生人沟通，但想要通过过人的口才和高超的情商引起对方注意也实在有难度，既然如此，我们不妨避开高段位的选择，随机选择一个合适的话题切入，这个话题可能初听很平淡，却说不定能打开对方的心门，为下面的交流创造条件。

记者阿迪斯有一次乘坐火车，一位沉默寡言的女士坐在他旁边，因为阿迪斯的职业就是要和不同的人打交道，所以就主动和对方攀谈，结果这位女士始终一言不发，就在这时，火车经过一个小海湾，乘客们看见不远处有一座独栋小屋。阿迪斯发现这位女士凝视着这个房子若有所思，直到看不见为止，阿迪斯意识到这座房子拨动了这位女士的心弦，就轻声说了一句："这房子很特别，是吧？"没想到女士马上接话："我小时候就住在这种杳无人迹的地方，那是一座灯塔。"紧接着，女士打开了话匣子，讲述了自己童年经历的荒凉与美丽，两个人也从乘客关系变成了好友关系。

当然，如果你要见的陌生人是通过熟人介绍的，在见面之前你有一定的准备时间，那就不妨通过熟人来侧面了解对方，就能事半功倍地做好功课，拉近关系更显得亲切自然。

第二步，如何有效地深入？引导对方进入主题。

将陌生人导入进你预设好的沟通情境只是第一步，想要进一步了解彼此并增进感情，就必须引导对方进入一个主题，也就是代表你个人诉求的核心话题，这样才能为你获得红利发挥实质性的作用，而并非简单地产生良好的印象。

一家剧院准备翻新，需要购买几千个座椅，这是一笔很大的买卖，所以不少家具厂的推销员都过来抢这单生意。一天，一位名叫詹姆斯的推销员来到剧场，被人带到了董事长办公室，詹姆斯说："先生，我觉得您的办公室装修、布置得很有品位。"董事长回答："过奖了，这间办公室的确很漂亮。但因为我平时太忙也不太留意。"随后，詹姆斯摸了摸办公室的壁板，说："以我的经验，这应该是英国橡木吧？和意大利橡木区别很大。"董事长点点头，说这是一位专门研究木材的朋友帮忙选购的。谈到这个话题时，董事长领着詹姆斯参观他自己设计的房间，詹姆斯对董事长的装饰品味赞不绝口，董事长也话匣子打开，两个人聊着聊着就谈到了剧院的座椅上，詹姆斯拿下了这笔订单。

　　詹姆斯初次见董事长就能拿下订单，这可不是简单恭维几句就能办到的，而是因为詹姆斯发现董事长对家具的独特品位，于是主动引导对方进入这个话题，董事长自然就有了沟通的兴趣，打破了陌生人的生疏感，而在得到詹姆斯的肯定后，董事长找到了和朋友聊家常的感觉，对这个陌生的推销员莫名产生了好感，此时詹姆斯再把话题转移到核心部分——推销座椅，于是就顺理成章地完成任务了。

　　第三步，如何有效地融入？找到彼此的共性。

　　一见如故为什么是陌生人之间的最高境界呢？是因为在彼此身上看到了自己的影子，这种情感上的贴近是任何话术都比不了的，而一旦发现对方"和我怎么那么像"，就会产生对方已经融入到自己社交圈子的感觉，陌生人就直接变成了挚友。

　　有一个叫麦克斯的人，有一次开车路过费城，半路上车子抛锚了，于是麦克斯就找了一家修车行，老板名叫约翰，在看了麦克斯的车以后让他明天过来取，然而麦克斯有急事在身，恳求约翰马上帮他修好，谁知约翰满不在乎地表示手头的活很多根本不行。麦克斯是一个退伍老兵，他看了一下约翰，发现对方身材保持得很好，站姿挺拔，于是就问他是否当过兵，约翰点头说是，又顺便介绍了自己的军旅生涯，麦克斯急忙说道："我也是个退伍军人，一看见你就非常亲切。"随后俩人聊了十几分钟，最后约翰笑着拍了拍麦克斯的肩膀："你很着急是吧？半个小时就能修好！"最终，约翰不仅按时修好了车子，还只收了一半的修理费，并告诉麦克斯这是战友的特价。麦克斯凭借"大家都当过兵"这种共性，不仅解决了现实困难，还交到了一个朋友。

无论是在陌生人面前的自我袒露还是试图了解对方，都需要借助心理学知识和话术技巧，以真诚为基础，以礼貌为原则，以素质为陪衬，才能给对方留下美好的印象，从生人变为熟人，这看似是社交的一小步，却可能是我们人生的一大步。

气氛不和谐，自嘲来化解

有一个不得不承认的事实：这个世界上不是所有人都会喜欢你。没错，纵然你足够优秀，也总有人看不上你，或者是出于嫉妒，或者是出于立场，更何况我们大多数人做不到足够优秀，总会存在这样或者那样的缺点，而这些缺点就可能在人际交往中制造一些负面氛围，以至于让我们陷入尴尬的境地，如果面对这种情况，请相信一位哲人说过的话："当别人取笑你时，就笑你自己吧！"

诗人扎西拉姆·多多曾说："有人尖刻地嘲讽你，你马上尖酸地回敬他，有人毫无理由地看不起你，你马上轻蔑地鄙视他。有人在你面前大肆炫耀，你马上加倍证明你更厉害。有人对你蛮不讲理，你马上对他胡搅蛮缠，有人对你冷漠，你马上对他冷淡疏远。看，你讨厌的那些人，轻易就把你变成了，你自己最讨厌的那种样子。这才是'敌人'对你最大的伤害。"

生活中，我们遭遇的不和谐气氛，有时候是某人故意的，有时候则是无意的，这些对我们来说都是不可控的，我们唯一可控的是我们的态度。因此，当我们强行怼回去的时候，反而会给人一种"戳中痛点"的感觉，所以最聪明的办法是用"自嘲"代替"他嘲"，不仅能调和气氛，还能展示出我们的人格魅力。

当然，有的人对自嘲是非常反感的，因为在他们看来，既然要在表达中获取"红利"，就让自己处于"有利"的地位，而自嘲不是吃了个哑巴亏吗？而且吃的还是自己的亏，红利何有呢？其实我们要摆正心态去看这个问题：自嘲看似是攻击自己，却是一种以退为进的大智慧，尤其是你想否定对方某个观点的时候，不如先攻击一下自己，既能展示出高风亮节还能缓和不和谐的气氛，这等于是为你接下来的表达"清理场地"，即便有人对你表达的内容不认同，但因为你已经自嘲了自己，就让对方一时间难以找到你的要害之处，所以真正吃哑巴亏的是对方。

抛开"权术"层面，单从客观的角度看，很多时候我们和对方的争论并不能简单地用二元论思维去理解，即双方中必定有一个是错的，所以自嘲也可以变为一种向对方示好的方式，缓和彼此的冲突烈度，在笑声中表达观点，弱化冲突，岂不是更好吗？

有人认为，面对陌生人，我们应该尽量展示出自己身上最优秀的一面，自嘲只适合面对熟识的老朋友。其实不然，自嘲有可能为我们争得沟通的主动权，变被动为主动，化消极为积极。

一位身材矮小的办公用品推销员，进入一家公司推销产品，没想到前台盯着他一直看，似乎很惊讶会有这种五短身材的推销员，推销员也读懂了前台的目光，在进退两难的尴尬气氛中，推销员忽然爽朗地说："您看我这身高，应该就能猜出我们的产品有多好了。"前台一愣，随即问道："为什么这么说呢？"推销员回答："像我这样形象不佳的人都能出来推销，这就说明我们的产品质量过硬啊，客户看我不顺眼，但看到我们的产品就一下子动心了啊！"结果，前台被推销员的自信与幽默打动，把他带到了采购部经理面前，很快就谈下了一笔订单。

我们生来是不完美的，我们的每一次表达也可能存在缺陷，但我们不必为此焦虑，只要我们掌握了自嘲这门"绝学"，就能把我们从尴尬的气氛中拯救出来，让他人发现我们身上的长处，让大家见识到我们的胸襟和气度。自嘲代表着一种坦荡和率真，它会让陌生人快速对我们产生好感。同样，自嘲也是一种智慧，是我们对语言的灵活驾驭，优化沟通氛围，实现自我推荐，都离不开一句"贬低"自我的话。

自信的话术赢得人际口碑

　　什么是最佳的表达呢？不仅仅是会措辞造句，还要声情并茂，更重要的是充满自信。一个缺乏自信的人，教给他世界上最顶尖的话术，再训练出播音员一样的表情和嗓音，他的话也依然是绵软无力的，自然也无法感染任何人。

　　心理学家们找来志愿者分成两组，每个组里都安插了一个演员，然后分成两个房间给他们注射肾上腺素，注射完毕后，第一个房间的演员说："这是什么东西啊，我感觉全身充满了力量！"第二个房间的演员说："这是什么鬼东西，让我脸红心跳手出汗，太难受了。"结果，两组志愿者的反应完全不同：第一个房间的人都觉得自己精力十足，第二个房间的人都觉得自己烦躁不安。

　　这个实验，你可以从心理暗示的角度去分析，但我们还可以找到一个角度，那就是两位演员的表达技巧：第一位演员自信而充满活力，他的话就能真切地感染到他人，而第二位演员充满了负能量，自然也消极地影响到了别人。放在生活中，第一位演员就是容易获得良好口碑的人，因为和这样的人相处，你会感觉到希望和力量。

有个金牌的二手车销售员叫理查德，他就是一个极富自信表达力的人。每次卖车的时候，他都会把想要看车的人约在相同的时间和地点，当第一个顾客检查车子然后砍价时，理查德却很有底气地告诉对方："对不起，还有一位客人在等着，你不买的话就让给他了。"于是，打算压价的顾客也不敢再继续砍价了，马上付钱提车。就这样，理查德成为二手汽车市场上口碑良好的推销员，因为他经手的车子没有卖不出去的，顾客也觉得理查德是讲信誉的人。

虽然理查德采用了一些营销心理的小技巧，但他成功的关键还是自信的表达话术，一旦他不确定顾客是否真的会放弃而心虚时，那顾客多半会看出他在使用的伎俩，进而会对这位销售员产生负面评价：他是不是在把事故车推销给我？所以，自信能够帮你在沟通中占据主动权。

在职场上，相信不少人有过这样的经历：在汇报工作之前已经准备得非常充分，可就在发言时由于缺乏自信导致口齿不清，无法正常表达，丧失了表现自我的机会，甚至让领导误认为工作没有做好。其实，这就是缺乏自信而造成的表达障碍，让你失去了原本属于你的职场红利。

想要练就自信的话术，可以从四个方面入手。

第一，时刻保持互动。

当你和他人沟通时，不要忘了和对方保持互动，这种互动不一定是语言层面的，可以是一个自信的眼神或者一个真诚的微笑，它们的作用是让你成为一个"活生生的""有生命力"的人，而不是一个僵硬的背稿机器，这种语言之外的交流不仅可以吸引对方的注意力，还能塑造你的鲜活个性。

第二，偶尔称赞自己。

自信不是自傲，二者的主要区别是能否正确地认识自己，如果你在某个领域作出的成就得到大家的认可时，那就可以作为谈资，用在最适合的地方，比如劝说别人加入自己的团队时，可以不必谦虚地介绍你的团队的光辉战绩，既能增强说服力，也能进一步体现你自信心的来源，让人不会误解成是自傲。

第三，敢于解答问题。

如果你想获得良好的人际口碑，就要展示出你的价值，那么除了提及光辉业绩之外，还要在现场展示出你的过人之处，所以你要勇敢地面对他人的提问。比如，你在一个宝妈群分享育儿经验时，如果有人提出管教孩子的办法，不要怕麻烦，要有耐心有勇气地分享经验，成为一个靠谱的解答者，这样才能给别人一种"大神能带带我"的安全感，也就从侧面凸显出了你的自信，你的人际口碑也就有了上升空间。

第四，善用心理暗示。

那些成功的演讲者，不仅有着良好的观众缘，也都是擅长使用心理暗示的高手。我们在和他人沟通时，也可以适时地穿插一些"你会变强""你能行的"之类的激励话语，而在对方看来，那是因为你足够自信才有余力去影响他人。

自信的话术为何会受人欢迎呢？因为我们都渴望在精神上获得外界的认同、支持甚至是拯救，而自信者则是最好的导师和榜样，当你通过自信的表达展示出这一特质时，人们会自然而然地围在你身边，渴望从你这里获得实用的价值资源和强大的精神力量，而你则在不断地"给予"和"援助"中收获了良好的口碑。

CHAPTER

02

第二章

友情升温，措辞来帮助

语言需要包装，某些情境下要说善意的谎言

拥有一份牢不可破的友情，相信是大多数人毕生都在追求的。不过，铁打的关系不是凭空得来的，需要长时间的情感积累，那么问题来了：朋友间的情谊是靠什么维持的呢？有人说要在大事上见分晓，这个没错，但其实对很多普通人来说，未必能有机会一起经历"大事件"，反而是生活中的点点滴滴最常见，因此日常的沟通才是最长久也最有效的友情升温剂。因此，善于表达的人就更容易拥有牢靠的友情。

小时候家长和老师都会教育我们：撒谎的孩子被狼吃。可是当我们进入社会之后会发现，句句都说真话的人，往往不会有多好的社会关系，因为已经把身边的人得罪光了，最后落下一个"老实人"的非正面评价。

说到这里有人或许明白了，那掺杂的少量假话不是骗人的鬼话，而是善意的谎言。

好孩子都是夸出来的，这是现代教育理念中被普遍承认的，同样，好的友情也是夸出来的。一个人的成长并不能只靠实话实说的打击，还需要加入一点善意的谎言，它们虽然在真话中的占比不高，却往往能够发挥重要作用。同理，一段普通人之间的友情，不会经历影视剧中那样的大风大浪，大多时候只能在平淡的生活中发展，而如果我们默认这种平淡带来的无聊无趣和无惊无险，那你守护的这份友谊同样也会变得平庸。那么，唯一能改变这一切的，就是善意的谎言。

一个男孩的朋友身患癌症住院，他和朋友的父母一直隐瞒病情，每天像看一个不久就会痊愈出院的病人那样，朋友也从未表现出痛苦和绝望，若无其事地和男孩聊天开玩笑。男孩还对朋友许愿："等你出院了，咱们就一起去西藏旅行。"为了让谎言看上去很真，男孩还特地查阅了去西藏旅行的路线和注意事项，甚至还给他们两个人购买了旅游鞋和背包，让朋友十分感动，表示一定要尽快恢复身体，然而一个月后，朋友病重，男孩依然和朋友的父母予以安慰，在朋友弥留之际，男孩终于忍不住说出了实情："我早知道你的病好不了，但我实在无法面对一个即将离世的朋友，我也渴望能有奇迹发生，所以一直在欺骗你，对不起。"朋友非但没有生气，还露出了最后的笑容："其实我早知道你们在瞒我，但看你为了一个谎言做出了那么多努力，我也想给你一个善意的谎言，所以一直在配合你。"最终，朋友离世，男孩虽然很伤心，但是回顾他和朋友共度的最后时光，他们都在彼此的谎言中留下了最后的温情时刻。

试想一下，如果男孩和朋友都以实言相对，那他们在这短短的一个多月里将进行怎样的谈话呢？每天除了安慰就是绝望，对彼此何尝不是一种折磨呢？

当然，朋友之间并不是总要面对生离死别，更多的还是日常生活中鸡毛蒜皮的小事，可就是看似微不足道的小事，也会影响一段关系的正常发展。比如，两三个闺蜜一起去逛街，其中一个挑了一套自己喜欢的连衣裙，一个闺蜜夸奖了一番，另一个闺蜜却吐槽"丑死了"，虽然说话的口气是开玩笑式的，却也让人家觉得很难堪。这样的对话，在生活中比比皆是。

说话直来直去并不是我们推崇的"快人快语"，这其实是我们常说的"低情商"，看起来是句句真话，可其中就有那么一两句不近人情，甚至伤害到了对方。于是，这些少量的真话就成了破坏友情的元凶。也许在说话的人那里，这的确是发自内心的，并非恶意贬低，是不想让朋友犯错，可这种只考虑真话占比而忽视表达效果的沟通，是不利于友情维护的。

在买连衣裙的案例中，作为闺蜜如果觉得那条裙子确实不好看，穿出去会降低闺蜜的身份和品位，那不妨这样说："这条裙子颜色不错，就是有点艳丽了，穿着它上班的话就有点张扬，不如咱们看看那一条？"在这段话中，真话和假话就是掺杂在一起的，假话其实就是那句"颜色不错"，其余的都是真话，但听起来就顺耳很多，闺蜜肯定愿意再试试其他的裙子，比单纯的吹捧和完全的吐槽要好很多。

所以，我们为了不让友情褪色，为了让感情升温，就要调配好真话与假话的混合比例，才能做到不愧对良心、不冒犯他人。

善意的谎言是出于维护友情的初心和人性中的某些弱点平衡之下的产物，是基于成年人世界的某些法则而诞生的。毕竟，我们需要诗和远方，但同样需要面包，这样生活才能过得下去，我们才有机会去畅想那些还不属于我们的美好，而这就是高明表达技巧才能获得的情感红利。

幽默是情感红利的赞助商

现代人由于生活压力较大，导致很多时候沟通气氛比较压抑，即便是朋友之间也会出现一些禁忌话题，这时候要想活跃气氛、增进感情，就需要借助一样利器——幽默。

莎士比亚曾说："幽默和风趣是智慧的闪现。"的确，幽默展现的不仅是一种表达技巧，更是一种人生智慧，能够帮助我们赢得情感上的红利，提升我们在他人心目中的位置。

什么是幽默呢？其实，幽默的尺度不易把握，因为每个人的笑点不同，目睹同样的搞笑场面，有过类似经历或者感悟的可能会发笑，而缺乏相关经历和感悟的人会无动于衷。当然，这并不是说幽默不好掌控，它可以通过日常生活的积累来获得，比如多阅读，多和有趣的人打交道，自然会培养一定的幽默感，让你在沟通中无往不利。

第一，消融陌生感，提升信任度。

人与人之间都是从陌生到熟识，需要经历一个拉近关系的过程，当彼此是初次见面时，总存在陌生感，它会影响到沟通效果，如果我们在交流中不够走心，就很难打动对方，也无法促进关系升级，自然也得不到情感红利。那么，如果我们能够活跃一下思维，适当地幽默一下，就能把陌生感融化掉，提升对方对我们的信任。

一位业务员来到一家陌生的公司联系业务，因为是第一次合作，对方在态度上显得不是那么热情甚至还有几分冷漠，于是业务员用幽默的口吻说："因为是初次合作，可能你对我们的情况不了解，我们公司在业内是口碑很差的。一是经常加班，因为业务特别多；二是保密性不强，因为行业里合作过的公司很多，对我们都特别了解；三是总有官司缠身，因为有不少同行喜欢抄袭我们的创意；四是容易吃闭门羹，因为总有机会去接触新的合作方。"业务员通过明贬暗褒的说话方式，不仅让人听了诙谐生动，也让合作方意识到自己有些不够礼貌，终于打破了坚冰，开始推心置腹地聊起来，慢慢建立起了信任感。

第二，消解尴尬气氛，打造和谐关系。

有时候，我们会和他人处于一种尴尬的社交氛围中，这并非因为陌生，而是受到一些意外因素的干扰，导致正常的社交行为难以继续下去，进而会造成彼此的误会，把善意的回避当成了有意的对立，那么情感的红利必然会悄然流失。

很多时候，我们明明欣赏对方，却因为一些意外因素产生隔阂，这时候就需要有一个人用幽默去消除隔阂，营造出一种和谐轻松的社交氛围，这才有利于感情的升温。

第三，消除对立状态，拉近情感距离。

当我们和他人处于对立状态时，别说情感红利了，正常的社交关系都难以维持，这时候我们需要借助幽默这件利器去消除矛盾，改变对方对自己的态度，最终达到化敌为友的目的。

与人愉快地相处，这是为人处世的能力，它不仅需要我们树立正确的世界观和人生观，更需要我们在沟通中学会以高明的幽默技巧去消除陌生感、尴尬感和对立感，这才是人际交往的精髓。毕竟，幽默能给沟通带来意想不到的吸引力，人人都愿意结识有幽默感的人，因为我们可以通过幽默来展示自我同时推销我们的观点。当然，幽默感并非油腔滑调，而是有关心理学和沟通学的艺术。幽默是人际关系的润滑剂，能够把我们从各种自我封闭的情况中解脱出来，让我们找到工作和生活中的良师益友，在成功的道路上越走越远。

不想做亲人的朋友不是好兄弟

亲不亲，话上分。

很多时候，我们和朋友的关系是否足够亲密，不一定是为对方做了多少事，而是在日常相处中通过表达来缓慢完成的。虽然听起来，这似乎有些"玄学"的成分：不同的表达方式真的有如此大的差别吗？事实的确如此。同样的话，在不同的人嘴里所产生的效果是不同的，其中最突出的"情绪感染力"。

什么是情绪感染力呢？其实就是在表达中对他人情绪的影响效果，包括使用的语句、语气、腔调等。这是因为被对方深深地打动了。

我们假设有这样一个情景：某天，孩子放学回到家，告诉父亲考试成绩不理想，父亲该怎么回答呢？这里有两段不同的话术：

A."我知道你这段时间学习用功，可能是学习方法存在问题，没事儿，老爸帮你一起找原因，一会儿吃完饭就去书房，咱们不信学不好！别怕！"

B."我知道你挺用功的，可能是方法不对，但是你得想办法弄明白啊，这样吧，我找时间看看你是哪里存在问题，必须得尽快解决！行了，你也别上火。"

对比两段对话可以发现，父亲的态度并没有根本上的差别，没有一味地埋怨儿子，也承诺要和儿子一起寻找正确的学习方法，但是很明显能看出，第一段话术里面充满了亲情的味道，而第二段话术最多像是一个比较通情达理的"领导"而非家人，所产生的情绪感染力是完全不同的。

事实证明，那些喜欢在表达方式中加入浓浓的感情色彩的人，才具备将良好情绪传染个他人的条件，因为他们是真的把沟通对象当成是"自己人"，在他们的表达体系中，会频繁地使用"没事儿""咱们""别怕"等词汇，表达出安慰、共同面对和鼓励等积极的情绪，给人一种温暖的感觉，仿佛有他们在身边就无所畏惧一般。

现实生活也的确如此，为什么有的人一呼百应，身边都是关系亲密的朋友呢？有些人是靠着丰富的资源，而有些人就是凭借高超的表达技巧，总能给朋友一种亲人般的感觉：无比信任、永不放弃、同舟共济。在这种积极情绪的引导下，大家总能被他们的话语所激励，让低落的情绪恢复正常，让暗淡的人生燃起希望。于是，这些善于产生情绪感染力的人，就通过暖人心脾的表达收获了亲如兄弟姊妹的关系，进而让整个社交圈子的默契程度加深，把感情牢牢绑定在一起。

那么问题来了，如何在表达中传递出亲人般的温暖呢？主要从三个方面入手。

第一，以包容消除矛盾。

面对亲人和陌生人，绝大多数人都不太敢和后者发生激烈的冲突，因为我们不确定陌生人会以怎样的方式回击，而亲人在绝大多数情况下都能包容我们。据此反向思考，我们想要给朋友一种亲人般的温暖，就要学会忍让和包容，当遇到争议话题时，我们可以微笑着说："这个先别谈了，等我们整理好各自的想法改天聊，现在出去吃火锅吧。"同理，当对方说了过激的话而你又不得不表现出不满的情绪时，可以这样说："你刚才说的话很让我生气，但我知道你是在气头上，时候不早了，好好睡一觉，明天再聊。"虽然这些话术听起来并没有什么高明之处，却传递了一个非常重要的信息：无论我们之间有怎样的冲突，彼此都是紧密地联系在一起的，不会因为一次不愉快的谈话连朋友都没得做。这样一来，对方即便不会马上与你缓和，至少也能冷静下来，随着时间的流逝会将争议搁置，将友谊放在第一位。

第二，尊重对方的选择。

或许有人会误解"亲人是可以替对方做决定的"，因此面对朋友的选择时会极力表达自己的观点甚至横加阻拦。当然这种行为并非绝对错误，但是只适用于朋友真的做了某些抽风的决策，而对大多数情况并不适用。事实上，即便是真的有血缘关系，我们也要尊重和理解别人的选择，哪怕在观念上有冲突，我们也应该表达出情感上的支持："你去那个公司上班我不是很看好，但是你有你的考虑，可能你是对的，所以我尊重你的选择。"通过这样的表达方式，朋友才能感受到被尊重、被认可的暖意，即便做出的选择真的错了，也会明白我们当初并非盲目支持，而是在情感上和他们站在了一起，而这才是"家人"才会做出的反应。

第三，给予独立空间。

亲人也未必会生活在一起，即便住在一起，也需要有各自独立的空间，那么对朋友来说就更是如此了。有些人在和对方关系好时，恨不得整天黏在一起，殊不知在无意中侵犯了别人的私人空间，甚至在日常沟通中也毫无分寸感："把你车钥匙给我""晚上我来你这儿住""你那女朋友太爱作了"……这些话听起来像是亲密无间的朋友才敢说的，但其实都是以自我为中心对朋友发出命令甚至是横加指责，正确的表达方式应该是："你今天用车不？我有点急事可能要借你车用用""晚上我实在没地方住了，你要是方便我就过来住一晚""虽然你女朋友有点作，但人还是挺可爱的"……总之，要在措辞中划分出一条界线，不要把一切都当成理所当然。

把一个没有血缘关系的人变为亲人，这不仅需要真心以待，更需要在每一次沟通中三思后言，虽然听起来很累，好像违背了愉快交友的初衷，但仔细想想，那些在不知不觉中消逝的友谊，难道不是一次次口无遮拦、不假思索、有口无心造成的吗？精致的生活需要用心打造，亲密的关系更需要耐心呵护。人生，是一场孤独的旅行，我们需要用有积极情绪的话语收获相互扶持的友情，用充满真情又不失智慧的表达方式赢得社交场上的红利，完成这段原本崎岖坎坷的旅程。

用礼貌启动友谊的豪华升级

　　和朋友在一起聊天，原本是一件让人心情愉悦的事情，然而有时候却以冷场收尾，看着不欢而散的朋友，你是否反思过，可能是自己在措辞上出了问题呢？当然，你的第一反应可能是：跟自己的好朋友还那么客套干什么？如果因为一句话不够客气就离我而去，本来就不是我的朋友！

　　从表面上看，你的反驳似乎有理有据，但细细品味会发现犯了因果颠倒的错误：是因为你以礼相待才建立了牢固的友谊，而非牢固的友谊不需要以礼相待。不要说面对朋友，即使面对有血缘关系的亲人，我们也不能失去基本的文明礼貌，因为它能在潜移默化中逐渐影响一段关系的最终走向。

　　一段缺乏礼貌的友情，它可能存在，但生命周期不会太长，因为人总会有情绪低落、语无伦次的时候，某一天你无心的一句话被处于敏感期的朋友捕捉到，那么你的友情就会出现裂痕。

相反，在一段正常的友情关系中，如果你能准确地使用礼貌用语，不仅可以维系友情不被破坏，反而还能让关系升级到新的高度。

下面，我们就来总结一下，如何与朋友在交流中保持礼貌。

第一，在沟通中保持适当的回应。

日本人在沟通中有一个习惯，就是当对方说出一段话之后会马上点头说"是"，是为了礼貌地表示自己在认真倾听并表示认同。同样，我们在和朋友聊天时，也要实时地予以回应，不能朋友在滔滔不绝地表达观点，你在低头玩着手机，即便你一字不漏地听进去了，但对朋友而言却是冷场，一次两次没问题，时间长了朋友就不会再有热情与你沟通。当然，朋友的观点你可以有不同的意见，但要在对方讲完之后再表达自己的看法："你刚才说的我都认真听了，角度确实挺新的，不过有两点我的看法和你不同，你有没有兴趣听一下？"这样礼貌地回应，即便没有完全认同对方，也不会引起朋友的反感。

第二，不要轻易打断对方。

如无必要，不要打断朋友，哪怕对方的某句话是你严重不同意的，哪怕对方情绪比较激动，也要让对方说完，因为粗暴地打断是最严重的不敬，意味着你已经不再把对方当成朋友了，这只能破坏你们的关系，当然如果有第三人在场，而朋友继续说下去真的会产生更为严重的后果，那么你可以用礼貌的话术来被迫打断："你先歇一下，我给你倒杯水。"这种插入题外话的方式不像直接打断那样粗暴，因为它并不是针对朋友讲述的内容，而是出于一种善意的关心和提醒。

第三，在沟通中不要咄咄逼人不留余地。

纵然再亲密的朋友，也会有观点不同的时候，这时候如果看似占理的一方咄咄逼人，那就会给友情造成严重的裂痕，你有权表达自己的观点，但一定要注意措辞，不要像辩论赛那样不给对方留有余地："我认为你昨天做的事儿确实不对，给咱们这个圈子带来了一些负面影响，但我相信你是有口无心的，所以刚才也有点情绪激动，你不必每句话都听进去，能明白我的苦心就好了。"这样既能表明自己的立场，又不至于让朋友下不来台，有利于关系的维护，而当对方想通时，你们的关系还会更上一个台阶，因为对方会明白你的用心所在。

第四，在沟通中注意对自己的夸奖尺度。

面对朋友，偶尔炫耀一下自己的开心事、得意事是没有问题的，不然我们交友的乐趣又在哪里呢？但如果我们不注意炫耀的尺度，无节制地夸奖自己，这对于朋友来说也是一种变相的冒犯，特别是面对那些境况不如我们自己的朋友。比如，你刚刚升任为公司的中层，为了让朋友了解自己多年来的付出和当下的欣喜，可以这样说："你也知道，我这几年没有正点下班过，每天都是早来晚走，就这么一点点地被上司重视起来，你身上也有这种劲头，要不咱俩怎么就成为朋友了呢！"这样既满足了自己的倾诉欲望，又顺便夸奖了一下朋友，对方自然会真心实意地为你高兴，而不会产生额外的想法。

第五，在沟通中不要用训斥的口吻教育他人。

好为人师算是很多人的潜在心理，尤其是当谈论到自己擅长的领域时，有些人就本能地刹不住车了，说到高兴时甚至会忘乎所以地对朋友指点江山，把好好的聊天变成了大佬给小白的科普现场。其实，得到他人的指点，原本是一种幸运，朋友之间互相提携也是友情存在的一部分，但必须要注意礼貌的措辞："家装这一块儿我确实懂得不少，你刚才想的几个方案有你的理由，就是不太好实现，这样吧，我给你几条建议让你参考一下，保证能帮你避雷，你看行吗？"这种出于朋友立场的关心式的口吻，对方就容易接受，也会意识到有一个信得过的朋友指点是多么重要。

获得一份珍贵的友谊，相信是每个人的心愿，但朋友相交贵在平等，如果你总是有意无意地把自己摆在更高的位置上，或者完全不把自己当成外人，用"分身"的立场去干预朋友的生活，那么再纯真的初心都会被没有礼貌的言辞打败，让你们的友情逐渐走向终点。所谓"礼多人不怪"的核心价值在于：你多用了一句敬语，朋友不会认为那是繁文缛节，但你少说了一句尊称，朋友虽然不会介意，却可能在你们的关系中埋下一颗暗雷，让你总会有意无意地忘掉应有的礼节，最终对粗暴的措辞习以为常。

朋友的朋友还是我的朋友

从人脉拓展的角度看，A能和B成为朋友，必然存在一些共同之处，同理B能和C成为朋友也有共同点，那么如果A通过B去结识C就比直接和某个陌生人成为朋友要容易很多，其情感基础也相对稳固。即便抛开功利角度不谈，单从维护和B的友情来看，A与C成为朋友也是对BC友情的认同和升华。

既然把朋友的朋友变成自己的朋友不违背社交准则，那么剩下的问题就是如何与朋友的朋友相处了。或许有人觉得这还不简单吗？直接通过朋友介绍一下就行了，毕竟有共同认识的人做"担保"，交往起来也轻松很多，再一起出来聚会几次，朋友的朋友不就变成你的朋友了吗？听上去似乎很简单，但不要忘了那句话：三个人的友谊总有一个是多余的。

一般认为，即使是友情也是存在私心和占有欲的，理论上三个人的友谊如果每次都是三人出场，那问题的确不大，可如果出现两两组合的情况，那就不免会产生嫌隙，因此我们在和朋友的朋友交往时，就不能简单地套用和陌生人或者好朋友相处的社交模板，这就是人际关系的微妙之处。下面，我们就来总结一下如何与朋友的朋友相处。

第一，偶尔提及老朋友，不过分迎合新朋友。

人们在社交中，总是会刻意照顾新朋友，而对老朋友则更加随意，这也很好理解：老朋友关系够硬，能够多担待，而新朋友出于"开发期"，所以更要用心一些。逻辑没错，但一进入实操，人们就把握不好尺度，往往导致对新朋友热情过度，对老朋友显得冷漠。所以，我们在和新朋友沟通时，要本着"不忘旧友"的原则。比如，新朋友约你吃饭或者出去玩，一定要记得说："xx应该也有空，是你通知还是我通知？"这种话术听起来有替对方做主的意思，但也恰恰证明了你是认可三人友谊的，而不是搞小圈子，只要对方没有二心，肯定会一起邀请的，而如果只想约你，要么确实找你有重要的事情，要么就是想搞事情，需要具体情况具体分析。

除了尽量制造三人友谊的线下场景，我们在和新朋友沟通时也要表达出"不忘旧友"的态度，特别是三个人都在场的时候，比如新朋友听了你的大学生活之后说："没想到你刚上大一就当了学生会会长了，真了不起，跟我讲讲有啥门道吗？"这时候你可以说："也没啥门道，多亏了xx跟我传授了一些技巧，要不怎么能斗得过大二的学长呢？"说完再看向xx，给对方一个参与讨论的机会，这样就在叙事中扩展了双人视角，加上新朋友这个旁听者，三人友谊的对话序列就组建完成，不偏不倚。

"不忘旧友"并非"难忘旧友"，无论是在三人对话还是和新朋友的对话中，都要给予对新朋友的话题重视感，比如在聊到大学生活时，老朋友聊起了你们之间的共同经历，这时候新朋友又没有插嘴的机会，而你如果滔滔不绝地接下茬，那就会让新朋友觉得自己是多余的，不妨这样说："咱俩那点事还是别总说了，也算是黑历史了，我倒是想听听xx的大学是怎么过的。"这样就给予新朋友发言的机会，转化成了你们二人是旁听者，新朋友是叙述者的模式。

第二，不强调与老朋友的关系，注重对新朋友的关心。

朋友多了，人就难免会在心里盘算：到底谁跟谁的关系更亲密呢？对此，聪明人是不会表露出来的，而那些心怀鬼胎或者大大咧咧的人很容易这样说："我跟xx是真的铁，他家的备用钥匙我有，他那女朋友都是我介绍的。"虽然是在阐述事实，但这对于新朋友来说总有一种攀比亲密关系的嫌疑，所以更合理的说法是：

"xx总是丢三落四的，所以我这有他家的备用钥匙，每次还得我给他送过去，你如果有需要，我也可以给你当个管家啥的，有事招呼我肯定到。想要谈女朋友，我一准儿给你介绍个好的，你看xx的女朋友也是我推荐的，现在处的不是挺好吗？"虽然是同样的内容，但这段话术听上去就不会让新朋友产生不适，因为处处都在强调三人友谊的大背景：xx把钥匙放在我这里，你也可以；××的女朋友是我介绍的，你也可以。

第三，尊重老朋友的隐私，适当说说新朋友的秘密。

为什么要尊重老朋友的隐私却要探究新朋友的秘密呢？其实这是为了照顾新朋友的感觉。有些人出于没话找话，就把话题锁定在共同的朋友身上，这作为开场是没问题的，但如果一直不转移话题，就很容易触及共同朋友的隐私，这会让新朋友觉得你是一个不靠谱的人。当然，有时候新朋友也会特意向你询问老朋友的隐私，遇到这种情况你可以这样说："他那事儿啊其实我也不知道，他都瞒着你了，还能告诉我吗？要不下次咱俩把他灌醉了好好审问一下！"这段话术又是强调三人友谊的叙事背景，既为老朋友保护了隐私，还让新朋友没有感觉到被疏远。

那么，打听新朋友的秘密是出于何种原理呢？其实，有共同朋友的友情，往往存在着"你跟我好可能是因为我是你朋友的朋友"这种潜在认识，就从侧面传递出一个信息：其实我对你是不感兴趣的，只能谈我那老朋友。所以，我们要在把握尺度的前提下说新朋友的小秘密，让对方觉得我们是有兴趣了解自己的："先别说××了，我听说你在公司里人缘特别好，尤其是女生缘很不错，有没有看中的呢?"这样的聊天，对方有很大的操作空间，可以说实话也可以打哈哈，并不会让人觉得不适，还把自己变成了话题，有利于和新朋友的关系维护。

以上探讨的虽然是"三人友谊"，但其实是概述"多人友谊"，可以根据实际情况调整话术的细节，切勿照搬照抄。

朋友的朋友，对我们来说是宝贵的社交资源，但不要因为它的"唾手可得"就掉以轻心，反而更需要小心呵护，毕竟友谊是宝贵的，友谊也是容易猜忌的，我们要在不破坏和老朋友关系的前提下交下一个新朋友，这样才能收获新的社交红利，让人脉流动起来，让朋友圈扩大起来。

安慰三件套

表达并非只是一种信息传递，也是一种情感传递。在和朋友的日常沟通中，我们不仅会问对方"吃了吗"，也会在对方难过时送去一句安慰话。不过，如何安慰悲伤中的朋友，需要掌握恰当的表达方式，最实用的就是"安慰三件套"：打岔、比惨和多陪伴。

蔡康永说过：一个人很难理解另一个人所受的苦。原来，他经过调查发现，人们常说的诸如"我懂你"或者"我理解你的痛苦"之类的安慰语句并不能起到安慰的作用，至少会有一半的人不会领情，因为他们觉得自己的痛苦外人无法真正理解，所以"安慰三件套"才有了用武之地。

打岔，听上去是沟通中十分不礼貌的行为，但是当对方处于负面情绪中，打岔往往就能起到阻断负面情绪的作用。

一位女职员因为刚刚遭到老板的批评，情绪低落，回到工位上越想越委屈，最后忍不住悄悄落泪，旁边的同事们看到以后都想过去安慰，然而大家说的话无非是"别难过了，好好工作吧"或者"BOSS也是在气头上，其实对你一直很器重的"之类的话，结果女职员哭得更加伤心了。这时候，一个老员工来到女职员身边，拍了拍她的肩膀说："你有方便面吗?"女职员一时间愣住了，而老员工还在催促着："快点啊，我饿了，吃了你的我再给你买一包!"女职员无奈只好翻着柜子寻找方便面，然而老员工嘴也没有闲着，在旁边说着自己喜欢吃什么口味的，希望女职员别给他麻辣口味的，看上去十分离谱，然而当女职员将方便面递给老员工以后，刚才委屈的情绪竟然消解了不少，甚至忘了眼泪是为何而流的。

很多时候，我们出于好心去安慰对方，却恰恰加重了负面话题在对方心中的印象，反而强化了负面情绪，而事实上，再出众的口才，也无法在短时间内消除一个人的悲伤，这时候打断对方的情绪反而简单有效。

比惨，是一种"情绪共享"的安慰方式，用"我和你一样惨"甚至"我比你更惨"的方式来让对方放宽心，最早可以追溯到西汉时期。司马迁在《报任安书》中曾经写道："盖文王拘而演《周易》;仲尼厄而作《春秋》;屈原放逐，乃赋《离骚》;左丘失明，厥有《国语》……大抵贤圣发愤之所为作也。"这应该是有迹可循的经典比惨了。

　　一个女孩的奶奶刚刚去世了，因为奶奶从小将其带大，女孩对奶奶的感情很深，于是在参加完葬礼之后独自跑到院子里，坐在一棵柿子树下发呆。这时，女孩的堂哥走过来，和女孩并排坐在了板凳上，女孩以为堂哥会安慰自己，没想到堂哥一直沉默不语，忽然，堂哥捂着头叫了一声，女孩看过去，发现堂哥的头好像是被什么东西砸到了，这时堂哥指着旁边的柿子树对女孩说："哎呀，我的脑袋被掉下来的柿子砸到了，鼓了一个大包！"说完，堂哥还特意凑过来让女孩看他的头，女孩虽然没看见什么，但看到堂哥痛苦的表情就安慰了他几句，然而堂哥却不断抱怨着："明天我还要参加自学考试，这一砸可能要影响我的考试状态了。"紧接着，堂哥说起了为准备考试自己吃的辛苦，越说越委屈，女孩也在一边安慰着，而她悲伤的情绪也渐渐淡漠了许多。

　　看上去，堂哥的比惨有些小儿科，毕竟女孩失去的是疼爱她的奶奶，但不要忘了，堂哥也失去了奶奶，所以他不可能用他们共同的亲人去比惨，也不可能临时编造一个至亲去世的故事，相比之下，"掉落的柿子"和"可能失败的自学考试"就成了近在眼前的比惨内容，虽然有夸张的成分，却最终还是转移到了学习和生活的压力上，这是女孩能够共情的，自然也就产生了"共享负面情绪"的效果。

　　比惨的时候需要注意，不能用表面上的惨去类比内核上的惨，就像堂哥如果只是把"被柿子砸了头"当成惨料和女孩比较，那就有些戏谑的意味了，弄不好还会让对方误会。

小梁失业了，整天借酒消愁，小梁的一位朋友过去安慰他："哥们儿至于吗？你看我都一年没上班了，天天逍遥自在，现在不也挺好的，今天陪你好好喝一顿！"看起来好像俩人都挺惨的，可仔细一琢磨，小梁的朋友一年不工作也没有饿死，说明有一定家底，这和面对巨大生存压力的小梁完全没有可比性，只能让他觉得朋友是在变相炫耀，就失去了安慰的效果。

多陪伴，看似是一种消极的安慰方式，其实是一种更高段位的安慰手法，其核心意义在于："无论你有多么惨，我都会一直陪伴在你身边。"和打岔、比惨相比，这是一种最实用的也是最能打动人心的方式，毕竟打岔只能针对一般的负面情绪，比惨需要有合适的惨料，但陪伴却是一种无言的温暖，它能给处于负面情绪的人最坚定的支持和鼓励。

安慰他人，表面上是表达和沟通，而本质上是一种情感交流，需要我们有良好的情绪识别能力，及时洞察对方的情绪状态，然后用最顺应人性的方式去安慰对方。方法不是唯一的，道理却是相通的，那就是不刺激对方、不指责对方、不压抑对方，从情感上贴近对方，用隐晦的表达方式告诉对方——你可以不必那么难过，因为还有我在你身边。

CHAPTER

03

第三章

谈婚论嫁，用技巧揭开情感密码

没话找话，氛围感是最靓的红娘

谈恋爱是一件浪漫的事，因为爱情能够给人最美好的想象和期待，也能让人感受到温存与激情，不过有意思的是，谈恋爱也是一件尴尬的事，如果两个人不懂得如何表达情愫，不懂得创造浪漫的氛围，那就变成了无所适从，在冷场中悄然落下了爱情终结的帷幕。

和朋友称兄道弟，需要亲密的沟通氛围，同样，和恋人卿卿我我也需要很强的沟通氛围，然而随着"母胎单身"的人越来越多，男女在恋爱方面的经验也越来越少，所以初次恋爱时就变得十分被动，不知道该和对方讲什么，除了惯例的"查户口"互报家门之外，就不知道该说些什么了。如果完全没感觉倒也不可惜，可惜的是那些原本互有好感的恋人却因为不善表达无果而终，这就错失了恋爱带给我们的红利。

在传统观念中，男性应该在谈恋爱时更加主动一些，这样才有机会增加自己的印象分，但在社会进步的当下，女性也拥有谈恋爱的主动权，所以不论男女都应该掌握主动创造话题的技能，这样才不会错失一段原本美满的爱情。接下来，我们就来看一下，如何在恋爱中训练出"没话找话"的本事。

第一，约会前做好话题准备。

当我们需要"没话找话"的时候，往往是在没有介绍人等第三方在场的情况下，通常以第二次或者第三次见面居多，这时候我们对彼此会有个大致的了解，比如对方从事何种工作、有哪些兴趣爱好和生活习惯等等，那么我们就要根据这些信息梳理出一些话题。

1. 关于工作方面的逸闻趣事。注意尽量不要涉及业务性或者专业性强的话题，也不要涉及薪资待遇这些较为敏感的话题，而是指向一些对方愿意聊的内容以及延伸话题，比如单位每年会组织哪些有趣的团建活动等，这样既不显得话题枯燥，又能让对方在短时间就能回答出来。

2. 有关兴趣爱好的话题。在了解对方喜欢什么类型的影视剧、游戏、娱乐明星、美食等信息之后，就可以具体展开畅聊，尽量选择彼此的共同点，千万不要谈论有争议的话题，更不能对别人的偶像说三道四。

3. 儿时的趣闻。一般来说，一个人的童年经历对日后的性格影响很大，而童年又能反映出原生家庭的基本状况，对意在走向婚姻的年轻人来说是重要的参考内容，当然如果对方拥有着不幸的童年，就要避开家庭内容，可以谈一些有关学校的话题。

第二，约会时的临场发挥。

虽然我们有机会准备一些话题，但对方是否愿意回答并不由我们控制，很可能会陷入冷场，这就需要我们利用现有的知识现场制造话题，而这种情况也适合于初次见面（即没有掌握对方的基本情况）。比如，你可以对约会的场景进行一下点评（对设计、装修、地理、城市历史有一定了解）："咱们吃饭的地方以前是一个大商场，你坐那个位置是总经理办公室，瞅瞅你这运气多好。"或者对正在吃的菜品和饮品进行一下点评（对美食、饮食文化、营养健康有一定了解）："这个京酱肉丝做得味儿很正，但是我知道一家更正的，咱们下次见面的时候我带你去，总不能连着吃是吧？"总之，你的视线里出现了什么，其中哪些是你能展开聊的内容，就以此为话题展开，聊着聊着就可能碰撞出了火花。

第三，不要排斥说"废话"。

那些缺少恋爱的经历且性格比较严肃的人，总会认为谈恋爱要多说"正经话"，少说"废话"，其实这是一个误区。对于恋爱中的人来说，有情调的废话远比有意义的正经话更受欢迎，特别是当男性面对女性时，越是严肃的话题越无法刺激女性的恋爱脑，反而不如那些废话管用。比如在炎热的下午，你和媒人介绍的恋爱对象第二次见面了，你可以一边给自己擦着汗一边看着天空："这天出来简直就是在上刑啊，要不是为了见你我都想钻冰箱里去了。"看似没什么实质内容，却表达出对约会的重视程度。

谈恋爱是一门学问，它不仅要求人们展示出自己最优秀的一面，还要求人们用语言传递出最温情的一面，或许对习惯单身的人来说，和并不熟识的异性谈心存在难度，但如果不踏出这一步，纵然你有结识更多优质异性的机会，也不过是擦肩而过的短暂缘分而已，只有主动发起进攻，找到双方的精神和情感的契合点，让自己快速代入到角色中，才能让恋爱的氛围变得融洽，为关系的进一步发展做好铺垫。

制造相遇，精心策划每次约会

谈恋爱离不开一次次美妙的约会，对于情侣而言，每一次约会都代表着"进度条"向前推进了一步，尤其是那些充满浪漫气氛且又让人激动万分的约会场景，往往成为一生都难以忘怀的记忆。那么，什么样的约会才称得上完美和难忘呢？

在有些直男直女眼中，约会无非就是"时间+地点"的预约，要做的不过是约会上好好表现罢了，但其实这样的约会缺少了那么一分浪漫的味道，反而像是一次线下活动，不仅没有悬念，反而会提高对方的预期——"明天就要去××约会了，那个地方的菜很好吃的吧？"再或者提高对方对你的预期——"××明天约我，看来他对我很有意思，我正好趁机再全面考察一下他。"平心而论，所谓的预期和考察本身不是问题，我们也并非要刻意掩盖自身的缺点，但这种事先定好时间和地点的见面，会让这段爱情像是按照计划表有条不紊地进行，而你想要突然加速一下进程就很难，因为对方手里也有这么一张计划表，因此最有效的手段就是不按套路出牌。

当然，你不是偶像剧中的男女主角，没有导演和编剧为你设计一场意外的邂逅，你只能人为地创造一次计划外的约会，给对方一次巧遇的、突如其来的惊喜，这就需要我们了解对方的工作和生活习惯，知道对方什么时候上下班、公司的位置、家的位置、上下班的路线、选择的交通工具等等，这是最基本的信息收集。当然，想要制造最高级别的偶遇，那就要真的按照对方的计划表去做，存在着一定难度，所以我们要选择最简单的方案——假装自己和对方偶遇，也就是在锁定对方的活动时间和范围后，"偶然"地出现在附近，制造一次美丽的邂逅。

假装偶遇是一门技术活，如果一眼让人看穿，那么之后你的一举一动在对方眼里就是幼稚和透明的，再也无法制造出足够的浪漫。所以，你千万不能蹲在对方的公司门口，等着下班时一头撞上去说："这么巧？"要让意外更有真实感。

第一，无中生有："我刚好经过你公司，下来喝杯咖啡？"

最常见的偶遇场景，就是在公司附近了，如果选择在家附近，这种"偶遇"的目的性就过于明显，而且对于刚谈恋爱不久的人来说，一般不会轻易报出家的位置。所以，选择午休时间，来到对方公司的楼下打个电话，对方是没有什么拒绝的理由的，而且在枯燥的工作之余能够来一次情感世界的放松，对大多数人都是合适的。当然，如果你提前得知对方最近工作忙碌，连午休的时间都没有，那就不要选择这个当口去制造机会，因为很可能会引起对方的反感。见面后，为了把戏演得更真，你要表现出确实是"有事路过"的样子，比如一边和对方打招呼一边抱歉地晃了晃手里的电话："喂，对，我有事从公司里出来了，早上临时通知去见一个客户，下午联系啊。"这样一来，意外的真实性就增强了，同时还能凸显出你"工作繁忙依然忘不了你"的潜台词，虽然这种约会时间短暂，但如果送上一份小礼物或者请对方吃点美食，这个愉快的中午很可能会引来一个浪漫的晚餐之约。

第二，守株待兔："这么巧，你也来逛街啊?"

为了获得更多的交流时间和空间，我们要充分利用节假日创造偶遇的机会，这时候就需要借助人脉来完成，其中最重要的一环就是和恋爱对象的朋友、闺蜜搞好关系，他们不仅能为你说好话，还能为你提供一些重要情报。

星期日，文良想要约小梅一起出去玩，然而小梅生性腼腆，俩人刚刚认识不久，文良担心对方可能不会答应，加上小梅已经答应了和闺蜜去逛街，于是文良就机智地联系到了小梅的闺蜜，问他们去哪里逛街，然后顺便拉上自己的一位好朋友，终于和小梅"不期而遇"，于是四个人开始了一次聚会，而通过这次"意外邂逅"，小梅对文良多了一份了解，又有闺蜜和文良的朋友帮着说好话，俩人的关系进一步加深了。

不期而遇总会让人产生"我和xx原来挺有缘分"的感觉，会加深人们对一段关系的重视程度，当然还有更重要的一点：有时候直接约对方出来会遭到拒绝，那么"上天安排"的偶遇就是无法抗拒的了。

第三，声东击西："我临时有点事求你，一会儿见！"

如果你没有拿到对方的公司地址，也没有和对方的闺蜜朋友建立关系，那不要急，也可以制造一次"即时性"的约会，而起因就是向对方求助，利用对方的同情心无法拒绝。

李浩喜欢一个叫美琪的女生，但美琪平时应酬多，李浩几次也没能约出来，为此，李浩心生一计，打电话给美琪："我知道你的审美能力挺强的，平时穿搭又非常得体，我明天临时有个会议需要上台演讲，你能帮我去挑一套西服吗？"美琪因为是热心肠，加上李浩的恭维恰到好处，于是就答应下来。接下来的剧情就顺水推舟了：美琪陪着李浩购买了西服之后，李浩邀请美琪吃饭，两个人终于有了一次单独的接触机会，一来二去就成了情侣。

需要注意的是，当你制造了一次"意外的约会"之后，在和男神女神相见时，尽量要克制内心的狂喜和得意，一来是不要让对方看穿，二来是保持足够的理性，否则意外是被你制造了，可接下来的表现却糟糕得一塌糊涂，那么之前的铺垫也就前功尽弃了。

"月上柳枝头，人约黄昏后"，相信是很多人对约会最美好的期待，但不要忘记，这种美好的背后是"不易得"，所以才弥足珍贵。我们就要制造这种"稀缺感"，既让我们心仪的对象不容易拒绝我们，更能通过这种奇妙的相遇让两个人的距离拉得更近，收获情感世界最珍贵的"红利"。

用你的故事吸引对方

　　人们常说给爱情牵线的不是丘比特而是荷尔蒙，是因为本能的生物反应才让人们对爱情产生了渴望。虽然从生物学的角度看有一定道理，但人终究不是低等动物，一个人喜欢上另一个人，除了本能的驱使之外，还有一个重要的因素不可或缺，那就是吸引力。当然，吸引力也是一个笼统的概念，它可以包括外在的吸引力如容貌、身材等，也可以包含社会属性的吸引力如金钱、地位等，但还有一个重要的方面就是内在吸引力，如人格、阅历等，它往往能够决定一段关系的生命周期，特别是在恋爱初期。

　　想想看，什么动力能够促使一对陌生男女快速走到一起呢？神秘感和好奇心。神秘感是其中一方散发出的魅力，而另一方因为好奇心会不断去探究这种神秘感，从而形成了强大的吸引力。因此，如果你想让心仪的对象对自己产生浓厚的兴趣，就要为自己制造这种神秘感，而最简单有效的办法就是说出你的故事。

那么，选择哪些故事题材比较好呢？

第一，童年/少年趣事。

前面我们说过，了解一个人的童年可以侧面了解对方的原生家庭、成长经历，间接地了解一个人的性格是否存在缺陷、是否适合成为伴侣，那么反向思考的话，如果你的童年是在健康和谐的状态中度过的，自然也会让对方看到一个健全的、阳光的人格。所以，谈论小时候的故事，可以帮助你为对方呈现出一幅"全家福"：

"你是不知道啊，我小时候特别淘气，有一次家里要来客人，都是些中层干部什么的，我爸妈特意准备好的腌肉，结果我嘴馋了就把肉拿走了，不光自己吃，还分给我那些邻居家的小孩了，完事后怕我爸妈发现，就拿了一块生肉用盐给泡上，以为那就能变成腌肉呢，结果不用说了，我爸妈倒是没打我，就是罚我一个星期不能吃肉。"

这段童年趣事看似只是闲聊，却透露出几个重要信息："父母认识有一定社会地位的人""主角虽然偷肉吃但十分慷慨""父母没有动辄打骂，而是采取较为合理的惩罚方式"，综上可以看出这是一个经济条件不差、有一定人脉、父母都有一定修养的独生子女家庭。因此，听了这段故事，会发现讲述者的家庭是可以良好相处的，反之，如果是一个父母动辄打骂、社交圈子混乱的家庭，这童年趣事所暴露出的负面信息会让人望而却步的。

当然，讲述童年趣事并不要非得功利性地"炫耀"家庭背景，更重要的一点是展示你丰富多彩的生活，因为经历多的人见识往往也不少，这样的人遇到事情不会慌乱，总能想出解决办法，陪在身边会觉得很有安全感。

第二，职场故事。

如果说童年趣事反映的是一个人最初的样貌，那么进入社会后的经历就是成熟后的另一个形象，它对当前恋人关系的发展有着重要的参考价值。职场故事通常包含了从毕业后如何找工作、如何应聘、如何与同事领导相处、如何攻坚客户等多方面内容，素材是比较丰富的，但我们要从中选取具有"成长""励志""逆袭"等正面标签的故事，千万不要忘乎所以地借机说领导和同事的坏话或者一些桃色故事，这些只能损害你在对方心目中的形象。比如，你可以讲一段如何搞定客户的故事：

"我刚进销售部的时候就被安排了一个'大活'，那客户一直是我们想要签下的，可派了好几拨骨干过去都不管用，最后可能是死马当活马医了，就把我给派过去了。那时候我也是初生牛犊不怕虎，我就打听其他人都是怎么干的，有的是天天堵客户的公司，有的是天天堵客户的家门口，什么礼品都准备好了就是没用，我想这些地点我不能去了，就通过客户公司的一个保安了解到人家喜欢钓鱼，然后直接去了垂钓园去堵客户，因为我也是个钓鱼佬，几个回合就把对方拿下了。"

这段职场故事展示出讲述者不怕困难、独辟蹊径、胆大心细等特点，以看似平淡的口气在无形中夸奖了自己，这比直接进行相同内容的自我介绍要高明得多。当然，如果擅长讲故事，可以不断丰富细节或者略有夸大，那就更能吸引对方，因为在对方听来这不仅仅是一个故事，也是对你职场生涯的预测。毕竟，一个对工作负责且业绩辉煌的人，也能承担支撑一个家庭的重任，这就让人对你们的未来充满期待。

当然，如果你们已经处于互相欣赏的阶段，讲述你在职场的辛苦付出，会让对方更能了解你的不容易，会产生关心、照顾甚至疼惜的感情，会进一步推动你们的关系发展。

第三，暗恋故事。

看到这个小标题可能有人会说：讲这种故事不是找死吗？其实不然，恋人通常在意的是前任，而暗恋的对象只是单相思，往往双方有着较大的身份差距甚至可能话都没说过几句，一般不会成为敏感内容。相反，暗恋故事有一个重要的作用，那就是可以侧面展示出你对爱情的理解和付出，能够给人一种用情很深的感觉。要知道，"感情空白"其实算不上什么优点，它只能证明一个人缺乏恋爱经验甚至缺乏人格魅力，但"暗恋"就很巧妙地把空白填补了却又不产生真正的前任，这就是讲述暗恋故事的好处：

"那个女孩和我是一所学校的，但不在一个班级，有时候能看到她和同学说说笑笑从我身边走过，其实我也不了解她，就是觉得她身上有光吧，但是现在想想哪有什么光，纯粹是我自己给加的滤镜，因为我们一句话都没有说，甚至连她是什么样的人都不知道，毕业了就再没看见了，当时觉得自己恋爱了，后来一看不就是单相思嘛，根本就没有交流和互动，所以啊，我要把那时候积攒的热情都投入到真正的恋爱里，珍惜眼前人。"

谈及暗恋，展示出当时的专情和对现在的用情，看似是在"雷区"附近行走，却没有踩到雷，反而表现出自己的洒脱和现实，对"眼前人"的暗示也表达得清清楚楚。

当然，人生可讲的故事其实很多，以上只是最适合用来加工的故事素材，你可以根据自身情况来选择。当你的故事被对方熟知以后，对方就逐渐了解了你的成长经历、日常生活乃至道德品行，自然会对你更加欣赏，也会因为这种熟悉而拉近了和你的心理距离，从了解你变成欣赏你，再从欣赏你变为爱上你，而你则在这一系列变化后摘取到爱情的果实。

让心仪的对象发现你的价值

谈恋爱，不仅谈的是感情，同样也在谈"价值"。当然，这里所说的"价值"并非物化爱情，而是让心仪的对象发现你的价值，从而提高在对方心里的地位。或许有人会认为这太功利化，但现实的情况是，你的恋爱不会在真空世界里进行，你很可能会面对一个情敌，那么此时谁提供的价值越多，谁就有了恋爱的竞争资本。

一般来说，人的价值可以分为硬价值和软价值。硬价值指的是身份、地位、收入等有客观衡量标准的，软价值则是性格、道德、阅历等带有主观评价色彩的。那么，我们要用怎样的方式去展示这些价值呢？

第一，"有口无心"展示硬价值。

恋爱毕竟要以感情为基础，而硬价值虽然是爱情的保障之一，但摆在桌面上去谈总会破坏了爱情的浪漫感，也会让对方产生误会，但是硬价值也是我们个人能力的体现，所以最恰当的表现方法就是"无意中"展示出来。

阿钟和阿秀是一对相处不久的情侣，周末他们去一家网红餐厅吃饭时，由于排队等餐的人很多，阿秀就有些心急，这时阿钟偷偷打了个电话，餐厅的一位服务员就拿出菜单给了阿钟，让他们"插队点餐"，阿秀十分惊讶地问："你认识这家餐厅的老板吗？你太有能量了！"阿钟说："我可没什么能量，去年参加个餐饮联盟的线下活动，和餐厅老板算是有一面之缘，根本算不上朋友，赶紧点吧。"

阿钟并没有在回答中明确指出自己和老板很熟之类的常见"吹牛套餐"，却"不经意"地透露出"参加餐饮联盟线下活动"的信息，这意味着阿钟和本市的餐饮圈子都比较熟，而这个面子可远超过认识一家网红餐厅老板的面子了，这种侧面展示硬实力的表达方式，有心者听了便心领神会，无心者也能从"插队点餐"中认识到阿钟的能力，价值总能展现出来。

在恋爱中，硬价值应该具有隐藏属性，等待对方的发现，这样才能给对方震撼的感觉，有的人急于向恋人展示自己的能力，却在对方眼中成为不够自信的表现，起了反作用，更会给人一种"我没有软价值就只能拿硬价值说事"的错觉。

第二，点滴之中展现软价值。

从某种角度讲，软价值才是恋人眼中最应该关注的内容，但和硬价值不同，软价值无法直接量化，表现起来不够直观，因此最合理的展现方式是通过小事去表现。

小庄是圈子里公认的领导力很强的人，只要组织活动，大家都会推选他当负责人，而他也确实能够把事情处理妥当。一次，小庄约小莲出去旅行，小莲痛快地答应了，因为她从来没出过远门，就担心地问小庄："我这方面没有经验，就得靠你了。"小庄自信地拍了拍胸脯，然后说："旅行攻略我已经让一个朋友写好了，他去过那里知道哪些民宿便宜又卫生，车票我已经订好了，需要的东西都写在一张清单上，咱们这儿离超市挺远，我让我同学帮我采购一些，然后晚上七点准时送过来，我知道你没有旅行箱，就托我发小从他们商场买了一个，明天就能送到你家附近。"小莲一听，这才得知小庄早已经料事如神地准备好了，更重要的是，他能够一下动用三个人帮他们忙前忙后而且计划周密，不得不佩服起小庄的领导力来。

和硬价值不同，软价值不需要隐藏起来，而是应该主动地表现，因为它基本不存在炫耀的色彩，反而能够展示出人格魅力。以小庄和小莲为例，如果小庄邀请之后什么都不安排，只是甩出一沓钞票让小莲"想买什么就买什么！"听上去颇有霸道总裁的风范，然而小莲根本不知道该买什么，反而会认为小庄除了有点钱之外什么能力、人脉都没有，还不懂得体贴人，这样就暴露出人性的缺陷了。所以，软价值不要藏，要毫无保留地通过大事小事表现出来。

第三，温柔体贴展示情绪价值。

严格地讲，情绪价值也属于软价值的一部分，但之所以单独列出来，是因为情绪价值比较特殊，它更多的不是直接展示出个人能力以及品行这些内在，而是集中体现在两个人的关系中，是软价值在爱的作用下的转化。打个比方，你情商很高，这是软价值，但如果作用在哄恋人开心时，这个软价值就变成了情绪价值，能够极大地固化你们的关系。简单说，情绪价值会让人更聚焦在恋爱本身，而非修成正果后的现实问题。有些人，硬价值有了，大部分软价值也有，却在恋爱中表现得死板、不近人情，缺少给予恋人的情绪价值，这段恋情就有些味同嚼蜡的意思了。

明媚因为男友昊天迟到而生气，如果是钢铁直男，就会一五一十地解释自己为什么迟到并表示下次不敢再犯，但昊天情商很高，找准机会在路边的花店买了一束玫瑰送给了明媚，明媚还没有反应过来，昊天笑吟吟地说："亲爱的，谢谢你等了我这么长时间，下次我也想体会一下等待你出现时的激动。"一句话就打消了明媚的怒气，反而还在暗示她等待恋人其实也是值得的，他们都是彼此要找的人。

谈感情提钱，人们认为会伤感情，这是因为用钱去丈量感情会让大多数人不适，但是，如果将钱所代表的创富能力、情感付出、浪漫开销解释为硬价值、软价值和情绪价值，这就让"身价展示"变得理所当然，隐藏了金钱在恋爱中的存在感，展示的却是一个人的核心价值，它可能发端于现实，却能营造出浪漫并最终指向灵魂深处。

用"我爱你"完成情感变现

在很多影视剧中，男女主角中有一人向对方说出"我爱你"三个字的时候，往往代表着剧情进入了高潮阶段，他们的故事将迎来新的发展篇章。

2020年的央视春晚，《父母爱情》剧组表演了一个依托于原故事剧情的小品，情景是安杰与江德福结婚五十周年纪念日，所有亲朋好友们都赶来祝福，当江德福问安杰想要什么礼物的时候，安杰说想听他亲口说出那三个字，然而江德福不解风情，认为自己实在说不出口，于是就百般推脱，让安杰非常不高兴，最终在亲朋好友的劝说和鼓励下，江德福终于向安杰说出了"我爱你"。小品播出之后，电视机前的不少观众都被感动了，大家都意识到了在感情中传递"我爱你"的重要性。

小品虽然感人，不过在现实生活里，如果没有导演和编剧的能量加持，不加思考地说出"我爱你"三个字，有时候可能不会带给你爱情的红利，反而会劝退对方。可能有人会说，遇到这种情况只能证明对方不爱你，所以这句分量重的表白才会失效。其实并非如此，"我爱你"三个字在什么时间说、什么场合说、什么阶段说非常重要，至少应该是双方都真的喜欢彼此，哪怕只是最初级的喜欢，而且，我们一定要记住："我爱你"最好只说一次，因为说得多了，就会失去"震撼"对方的效果，反而会认为你是一个比较滥情的人。

那么问题来了，不让表白，那感情怎么持续升温呢？方法很简单，不要为了表白而表白，而是以别的形式说出"我爱你"，同样可以起到打动对方的作用。

第一，不断肯定。

恋人之间的肯定，代表着一种欣赏和爱慕，这个不仅要发自内心，还要表达在口头上，才能让对方清楚地意识到自己在被你关注着。比如，对方今天穿了一条美丽的裙子，你可以用赞赏的目光打量着然后说："你真的太会挑衣服了，穿上它，我今天眼睛都不想看别的地方了。"潜台词就是表达"爱的注视"。或者，对方为你做了一顿美美的午餐，你可以一边擦嘴一边意犹未尽地说："都说留住男人的心要留住男人的胃，现在我整个人都想一辈子留在你身边了。"潜台词就是表达"爱的不舍"。总之，对方无论是为自己所做的还是你为所做的，你都要表达出由衷的认可，这样才能加深你们之间的感情。

第二，持续陪伴。

陪伴是最长情的告白，此话不假，而陪伴的潜台词正是"我爱你"，虽然我们不提倡恋人整天腻歪在一起，但对方需要有人陪伴时，我们一定不能缺席，因为这时候才能证明对方在我们心里的位置。比如，对方因为加班一直在公司里，你得知情况后自然不能打扰，但是在对方完成工作以后可以去公司送对方回家，见面后可以说："我刚才很想你，但是不敢打扰你，现在你的工作完成了，我的工作开始了——送你回家。"如果你实在无法到场，也可以打电话跟对方说："我现在没法去接你，但是我的声音可以一直陪着你，等你上了车我就挂断，你可不要烦我啊。"这些话语虽然都没有提到一个"爱"字，却无时无刻不在向对方证明你的惦记、思念和依恋，会让人心里热乎乎的。

第三，赠送礼物。

爱情当然不能依靠物质维系，但送一些价格不贵且有一定实用性或者浪漫含义的礼物，还是能够促进感情升温的。比如在对方过生日的时候，送去一套不算奢侈但符合对方口味的化妆品，然后轻轻地说："今天虽然是你的生日，但我感觉我比你还高兴，因为这一天我爱的人终于降生了。"话里虽然提及了"爱"，却稍显委婉，而且仪式感满满，既不显得轻浮直接，又能直抒胸臆，对方自然会记在心里。

第四，肢体表达。

很多时候，语言未必是最好的交流方式，不妨用行动去证明你在意对方。比如在逛街的时候牵着对方的手，感觉对方冷的时候把衣服扣子扣好，对方口渴的时候直接送过去一瓶饮料，这些无声的语言同样也能呈现出"我爱你"的含义并且更加意味深长、令人回味。

或许在有些人看来，既然都在一起了甚至结婚了，"我爱你"根本就没有说的必要，也不用费尽心思去说同义词了，其实人在感情中本来就是感性的，而且无论男女，或多或少都会存在一种不安全感和不确定性，比如同时还有其他的追求者、家人中存在反对意见等等，那么在这种不利的客观环境下，需要得到对方爱的肯定，才能坚定和你一起走下去的决心。另外，在感情处于朦胧阶段时，如果没有人敢于说出"我爱你"或者表达类似的含义时，对方很可能会打退堂鼓，认为这段感情原本就不属于自己。

在韩剧《请回答1988》中，正焕一直深深地爱着德善，然而因为他从来不表达自己的真心，于是只能通过朋友相处的方式去表达自己的爱，而这种太过隐藏的方式，德善始终没有弄清是朋友的爱还是恋人的爱或者是一种错觉，两个人就在云里雾里的关系中最终错失了成为伴侣的机会。如果正焕哪怕用别的方式去表达"我爱你"的意思，给德善一点暗示，他们也依然有机会去了解彼此的心意。

我们在恋爱中不要主观地认为对方可以明白自己的心意，有时候这只是你一厢情愿，当然，不经铺垫就说出"我爱你"三个字，同样也会给对方造成压力，怀疑这段感情的真实性，所以最稳妥的办法就是用表达爱意的各种说辞和行动去证明自己的心迹，让对方明白有一个人愿意为其付出真情。

每个字都要击中对方的情绪脑

在影视剧中，经常有些女主角被称为是"恋爱脑"，意思是为了爱情不顾一切，其实，恋爱脑也被称为"情绪脑"，也就是一切行为以情绪作为出发点，而非以理性为指导原则。在恋爱理论中，人们把恋爱的本质看成是一种情绪活动，所谓的一见钟情、坠入爱河、相爱相杀其实都是情绪脑在作怪，因此人们在恋爱中的心动表现，基本上是由情绪脑控制发出的，从这个角度看，只有用语言不断去刺激对方的情绪脑，才能持续制造一种"我恋爱了"的心动感觉。

为什么同样硬件条件看起来差不多的情敌，一旦进入"恋爱的战场"上会有差异巨大的表现，其实就是表达能力存在区别，有的人自认为条件不错，对方没理由不喜欢自己，所以每次约会不过是吃吃饭、聊聊天，从未有意识地去调动对方的情绪，结果在对方看来就是"和你不来电"。所以，我们提升自我是一方面，而如何制造恋爱的甜蜜和浪漫是另一方面，一切都要从话术上入手。

下面我们来看这样两段对话。

对话A

男：今天过得怎么样啊？

女：不咋样，烦死了。

男：怎么了？

女：今天晚上要加班。

男：那你辛苦了啊。

女：辛苦也不一定有好结果。

男：那也没办法啊，谁让咱们是打工人呢。

女：先不聊了，我要工作了。

对话B

男：今天过得怎么样啊？

女：不咋样，烦死了。

男：有人欺负你啊，我现在就给你报仇去！

女：今天晚上还要加班。

男：看来你们领导挺重视你啊，这是打算培养你成为骨干。

女：拉倒吧，我都好几天没正点下班了，再这样我都长皱纹了!

男:皱纹没啥可怕的,我知道一家美容店,等你忙完我就带你去,保你回到18岁!

女:是吗?那你可太好了!

男:光说好就行了?你怎么报答我啊?

女:烦人,我就奖励和你约会一次。

两段对话中,显然对话B的男主技高一筹,成功调动了女主的情绪,而且至少确定了一次约会,而对话A的男主只会用平淡的言辞去安慰对方,看似也在表示关心,却丝毫没有激发起女主内心的情愫,感受不到恋爱的甜蜜。显然,如果每一次对话都是如此的索然无味,那这段感情距离终结也就是时间问题了。

刺激情绪脑的核心表达技巧是,激发对方被爱的感觉,如对话B中男主所说的"领导挺重视你啊""保你回到18岁",这些话看似是"不着调的""脱离现实的",却一下子就能激发起对方的情绪反应,比对话A中的"那你辛苦了啊"明显更有"恋爱的情调",那么,这样的聊天氛围就会产生轻松感和亲密感,对方自然愿意继续聊下去。

分析到这里,可能有人马上"大彻大悟"了,因为记住了"调戏"这个关键词,很可能就将其理解为"说不正经话",这就大错特错了，准确地说，恋爱中的调戏是"不正经地说话"而非"说不正经话"，二者的区别在于，前者核心要表达的内容是善意的、正向的，只是用调侃的方式说出来而已，比如对话B中"你怎么报答我啊"，只是要对方的一个感谢态度，如果直接说成"那我可不能便宜了你"就显得有些轻佻，容易让对方挑出毛病，这就是尺度上的拿捏。除此之外，我们还要注意"调戏"的内容不能跑题。

第一，语言必须指向二人的关系。

恋爱是两个人的私密世界，所以语言的重点必须在你我之间，简单说就是谈什么话题都要扣到"我和你的关系"上，这样才能突出"谈恋爱"这个主题，而不是把恋爱变成了普通的交友或者思想汇报。

对话A

女：我这个月发奖金了，好开心啊。

男：恭喜你啊，说明你工作挺出色的。

女：这都是我早出晚归换来的。

男：继续努力，争取下个月拿更多的奖金！

对话B

女：我这个月发奖金了，好开心啊。

男：你下班的时候我去堵你，我要打……打劫！（模仿《天下无贼》范伟经典桥段）

女：讨厌，这么点钱你还惦记。

男：我可不光惦记钱，我还惦记人呢！

女：我才不是你的人呢。

男：我一会儿在海鲜楼定个包间，让大虾和螃蟹给你庆祝。

女：那我可不带钱啊，怕你抢。

男：不带就不带，我不打算劫财了，嘿嘿。

女：哼！

对话A的男主只会就事论事，每一句话都像是普通朋友之间的聊天，丝毫没有牵扯到二人的关系，所以聊几句就没了情趣，但是对话B的男主很快从奖金绕到二人的关系上，不断调戏女主并将其成功约出。

第二，学会制造"冲突"。

这里所说的"冲突"当然不是一般意义上的矛盾，而是专属于情侣之间的小冲突，看似是在破坏关系，但只要用正确的话术回应，反而能够让感情升温。

男主和女主上街，男主突然指着一个打扮时尚的女孩说："哎呀，你看那个女的……"（主动制造冲突）女主有些生气："看见美女眼睛就直了是吧？"（进入冲突话题）男主马上回应："谁说那是美女了，我说那个女的衣品没你好，名牌穿出了地摊货的感觉。"（消解冲突）女主想了想说："那你的意思是，我是地摊货穿出了名牌的感觉呗？"（扩大冲突）男主笑了笑："你不是穿名牌，你自己就是名牌，所以我必须贴着你！"（感情升温）说完男主一把拉住了女主的手。

恋爱中最怕的不是冲突，而是平淡。为什么有些人明明看起来各方面都不错，却始终让人"没感觉"呢？其中一个重要原因就是缺少冲突，处处小心谨慎，虽然让人挑不出毛病，却也错过了打情骂俏的机会。

我们渴望花前月下的浪漫时光，但要知道这种浪漫没有写好的剧本为我们创造，只有当我们勇敢机智地拿起笔去撰写剧情时，我们才有机会成为让人羡慕的恋爱主角。

CHAPTER

04

第四章

家中难念的经，破解靠话术

见家长时要立好人设

当你和恋人经过一番恋爱长跑或者短跑之后，决定走向婚姻殿堂的时候，有一个关卡是你们必须要通过的而且难度不低，这个关卡就是见家长。说来也有意思，不管平时多么自信洒脱的男男女女，在即将见到对方家长时都会如临大敌、神经紧张，特别是第一次见面，大家都知道这意味着自己是否能给对方留下良好的印象，而印象影响的可不仅仅是对自己的评价，还可能决定是否能和恋人修成正果。当然，紧张归紧张，我们总不能让自己输在第一印象上，必须用合理的表达方式把自己最优秀的一面展示出来，这当然不能简单地理解为拍对方家长的马屁，而是要体现出自己的优质人设。

为什么要突出人设而不是说好话呢？站在对方家长的角度考虑，他们在为自己的子女"审核"一个要与之共度下半生的伴侣，这是人生大事，不是单纯地哄对方开心就能蒙混过关的，你必须要用一个正面的人设证明你有实力给予另一半幸福，而且不要忘了，通常见家长是接受一对父母的考察，你一味地吹捧可能说动了一个，却可能引起另一个的怀疑：这人油腔滑调的，不可靠！

基于上述原因，我们要死磕自己立下的人设，通过表达来清晰、强化甚至合理拔高人设，获得对方家长的认可。

第一，通过礼物展示"知情达理"。

人设的第一印象，往往是一个人是否懂礼貌、懂规矩，如果这些做不好，再强大的能力、背景都会被人无视。因此，初次见家长时，要带上礼品，可以向恋人咨询，挑选对方家长需要的、喜欢的礼物，价值不在高低，而是在于匹配度。不过，购买礼物仅仅是第一步，你还要懂得如何表达："我这个人不太会挑选礼物，都是问了你们家xx才买的，xx特别了解你们的喜好，让我省了不少心，其实我还想再买一些，但是xx一个劲儿地拦着我，可见家风是真的好，不成敬意，请二老笑纳。"这段话充分体现出"知情达理"的精髓：既表达了自己送礼物聊表寸心的基本素质，又把恋人夸奖了一遍，顺带盛赞了对方的家风，"礼貌人设"算是立起来了。

第二，通过细节展示"我很爱TA"。

凡是对子女负责任的父母，最在意就是未来的媳妇/女婿是否能对自家的孩子好，而这也是从恋人升级到夫妻的重要环节，考察的是一个人作为伴侣的"深情人设"。当然，这个人设不能通过当面表白或者发毒誓的方式去传达，这样实在太过虚伪，而是要通过一些细节去展现。比如在吃饭的时候，装作不经意地给恋人夹菜："你最近加班都瘦了，多吃点肉。"这些表现要掌握好分寸，不能显得太夸张或者太酸臭，比如频繁地给对方夹菜，疯子一样抢着干活，明眼人都能看出来你是在表演，太过分了就会显得刻意，只会起反作用。

第三，通过畅想展示"我有未来"。

身为父母，不仅要考虑子女的伴侣是否真的有爱，更会考虑他们的未来是何种前景，简单说就是要考察未来媳妇/女婿的职业发展。同样，这也不能太过直白地表现出来，而是要在闲聊中通过畅想的方式捎带而出："××看上了一个小区，我觉得暂时还不要着急，明年我可能要去分公司做负责人，到时候选一个距离我俩都近的地方安家。"这段话表面上在讨论买房子的事情，其实是在侧面告知对方要升职的信息。如果对方父母对你的职业前景确实感兴趣并主动询问，那么你也可以一五一十地谈自己的职业规划，注意多展示你是如何规划的，而不是提前给自己升职加薪，不必要的承诺千万不要说，否则一旦落空，你的"上进人设"就会崩塌。

第四，通过提问展示"孝字当先"。

中国是一个讲究孝道的国家，如果你仅仅是对恋人很好而忽略了对方的家长，也会不让人放心。因此，在和对方父母聊天时，可以通过向恋人提问的方式表现自己的孝心："对了，咱们明天看房子的时候，问问这边有没有合适的房源，以后不也方便吗？你说呢？"看似在讨论买房选址的问题，其实是在暗示想要在对方父母家附近买房，为的是将来照顾对方父母方便一些，这种不显山不露水的方式足以表明你的"孝心人设"。

见家长只是漫漫人生路中的门槛之一，未来我们可能还要面对经营婚姻、教育子女、处理亲戚关系等更复杂更繁琐的问题，但只有这一关打通了，我们才有资格去接受下一关的挑战，所以我们必须拿出勇气和智慧去应对，既不能畏缩不前，更不能掉以轻心，要让人设立住，更要让自己的婚姻从这一刻开始打下坚实的基础。

婆媳关系不难搞，装傻卖萌最重要

在电视剧《爱你不放手》中，徐盈和胡钟秀是一对婆媳，然而她们总能因为一些鸡毛蒜皮的小事打起来，大事更是冲突升级，给观众的感觉就是随时都有可能把关系闹僵，代入进去就会觉得这种生活如同地狱一般折磨。

婆媳之间是非多，这是贯穿古今中外的不变真理，也是家庭关系的一大难题。但是我们也不得不承认，并非所有的婆媳关系都处于紧张状态，把婆婆当成亲妈、把儿媳当成亲女儿的也大有人在，关键在于如何化解矛盾、和谐相处。

想要处理好和婆婆的关系，首先要明白婆媳矛盾从何而来。一般认为，是作为老公母亲的婆婆，在潜意识里认为儿媳"抢走"了含辛茹苦养大的儿子，过去那种独占的控制欲不复存在了，如果再生活在同一个屋檐下，天天柴米油盐地过日子，难免发生矛盾，儿媳如果还是一个神经大条、没有界限感的人，冲突就会更加频繁、激烈。

事实上，大多数女人都是很聪明的，她们其实具备了与婆婆和谐相处的能力，但有相当一部分人是采用了消极处理的方式，因为她们认为陪伴自己走完下半生的是老公，而不是婆婆，毕竟没有血缘关系，热脸贴到冷屁股上就太尴尬了，于是在种种借口的作用下，干脆放弃了和对方好好相处的念头，更有甚至还产生了逆反心理，直接和婆婆对着干。

综上所说，要想从根本上化解婆媳矛盾，首先要在潜意识里告诉自己："婆婆原本并不想和我对立，而我也有能力处理好，一旦消极处理导致婆媳关系恶化，还会影响到婚姻关系。"那么，在拿掉对立的标签之后，才有可能处于冷静的思维状态中，接下来就是如何搞好婆媳关系了。方法有很多，但最实用的就是"装傻卖萌"了。

听上去，装傻和卖萌在婆婆面前是那么的不靠谱，但我们都知道一句俗话：谁会和一个傻子较劲呢？另外还有一句网络常用语：萌混过关。两招加在一起，作用就显而易见了。

第一，以卖萌的方式尊重婆婆。

女人相比于男人，通常更有同理心，也更温柔细腻，有些儿媳之所以不讨婆婆喜欢，要么是太过强势，要么是太过个性，无

法让婆婆将其视作为女儿般的小辈，所以，我们就要特地创造出
这种"母女式的"沟通情境。

让婆婆代入到"母亲"的角色，作为儿媳就要以"女儿"的
口吻与之交流，里面既要有一家人的亲密感，又要有晚辈面对
长辈的尊重感。比如看到婆婆在打扫卫生，一定要马上抢过来：
"妈，你看你就是不会享福，这种事儿叫我一声就行了呗。"用这
种和亲妈沟通的口吻说话，就能弱化儿媳作为外人的身份感，或
者看到婆婆在看电视，你可以拿着一瓶水走过去："妈，我手劲小
拧不开。"妥妥的女儿向母亲撒娇的口吻，没有哪个婆婆会无动于
衷，而当婆婆帮你拧开之后，你可以笑吟吟地递给婆婆："妈，给你
的。"这种"示弱"型的卖萌就能进一步抵消婆媳之间的对立感。

第二，以卖萌的方式向婆婆妥协。

既然把自己定位成"嫁过来的女儿"，那无论你在事业上多
成功，和婆婆产生分歧时还是要尽量妥协，除非是重大原则、是
非对立的事情。比如，你和婆婆因为更换家具的问题产生了纠纷：
你想要购买西式的，婆婆想要换中式的。这样的话，你最好委屈
一下自己："妈，你看咱俩说了半天，你有你的理，我有我的审
美，但是我想了想还是听你的，谁让我是我管你叫妈呢。"这样的
服软，如果是通情达理的婆婆，可能反而会不好意思，会改变初

衷，即便不改，那么当下一次你们产生分歧时，你也可以用卖萌的口吻跟婆婆说："妈，你看上次换家具我都听了，这次咱娘俩儿能不能换换呢？"一般话说到这个份儿上，除了罕见的真恶婆婆，总会还给儿媳一个人情的。

第三，不负面评价老公。

有时候，婆婆会有意或者无意地和你谈起老公，遇到这种情况就要小心了：无论对方出于何种目的，都不能在婆婆面前说老公的坏话，因为在母亲眼里，自己的孩子是不能被外人说的。打个比方，婆婆看到老公喝得大醉回家，你忙前忙后收拾，这时候对着你吐槽说："你看××那德行，跟他爸一样，多喝二两就不知道自己姓啥了。"这时候你最好说："我看也是，下次让他多喝一两就行了。"这样既算是接了婆婆的话，又没有评论老公的行为。

第四，和婆婆保持距离。

人们常说"距离产生美"，其实不光是恋人之间如此，儿媳和婆婆也是如此，相处多了，就难免磕磕绊绊，如果一年只见几回面，基本上都能保持笑脸相迎。所以，作为儿媳不能苛求和婆婆亲密无间，只需要制造出一种亲密的氛围即可，该保持距离的时候一定要保持。打个比方，婆婆和公公吵架，想拉着你出去走走，表面上是一个拉近距离的好机会，但你只要去了就免不了听婆婆痛斥公公，而这种话题小辈是没办法正常参与讨论的，所以这种情况就要避开："妈，我今天没啥要买的了，咱们改天再出去逛呗。"婆婆一听自然没法勉强，等到她的火气消得差不多了，你再找机会送过去一杯热茶，既没有疏远婆婆，也避开了不必要的私聊。

2021年有一段视频在网络上火了：河南信阳，一位婆婆看到儿媳优哉游哉地躺在沙发上睡觉，不管孩子，就"凶神恶煞"地对儿媳说："小孩在地上爬你都不管，跟个大爷似的躺着睡大觉。"说完竟然还踢了儿媳几脚，然而儿媳也没有生气，对婆婆开玩笑地说："你看看你哪像个女的，说话就说话别动手啊。"说完还让婆婆把身上的衣服脱下来（儿媳给买的），结果婆婆还真的换了一件衣服出来。视频传开之后，有过婚姻体验的人都说，这样的婆媳关系才是最和谐的，因为她们的相处模式完全不是外人，倒像是母女，而这段视频演绎的就是我们推崇的婆媳关系。

婆媳关系并不难处，关键在于你能否放下儿媳的身份，打消心中的芥蒂，偶尔装个傻卖个萌，就能让婆婆意识到这个和自己"抢"儿子的女人其实也是一个小孩子，久而久之就会母性觉醒，对儿媳投入一分关怀和疼爱。要知道，婆婆也是女人，也曾经面对过她的婆婆，只要你不以对立的方式与之交流，她也不会把自己遭受过的委屈让你重新体验一次，毕竟你们都爱着同一个男人。

教育孩子来点逆向思维

《人民日报》曾经发文：教育好孩子，是你这辈子最重要的事业。的确，作为子女的第一位老师，父母有权利也有义务教育好子女，但教育本身是"技术活"，很多父母没有掌握方式方法，导致"小敏家"的悲剧不断上演。那么，什么方法是最管用的呢？四个字，逆向思维。

一个14岁的女孩爱美心切，就执意要穿超短裤上学，父亲得知后自然是不同意，可如果正面劝说很可能毫无作用，于是父亲灵机一动，找来一条短裤穿上，然后走到女儿面前展示自己发福的身材，女儿笑得前仰后合，然而就在这时，父亲一脸严肃地表示：如果女儿不打消穿短裤上学的念头，他就真的穿着短裤去接送女儿上下学。女儿想到父亲这"超酷"的打扮必然引起同学耻笑，于是乖乖换下了短裤。

这位父亲的聪明之处在于，既没有用严厉的口气强令女儿换掉短裤，也没有用讲大道理的方式苦口婆心劝说，反而是用逆向思维解决了问题：你不是觉得穿短裤上学很拉风吗？那老爸就陪着你一起拉风！于是，女儿在这种攻心为上的沟通中改变了想法，自尊心也没有遭到伤害。

其实，无论是喜欢"命令式"教育还是"讲道理式"教育的父母，都犯了同样的错误：没有顾及到子女的感受，以为自己发布的命令、阐述的道理会让子女发自内心的认同，结果不过是自己在欺骗自己。

既然逆向思维有助于教育孩子，我们该如何在沟通中正确使用呢？

第一，真正了解孩子的想法。

很多家长挂在嘴边的一句话是"小孩子懂什么"，这是最容易造成和子女矛盾的根源，因为你都不知道子女在想什么，如何进行有效的沟通呢？从客观上看，如今的孩子身处信息爆炸的时代，在某些方面掌握的信息未必比家长少，所以一定不能未经思考就否定孩子的想法，更不能堵住他们发声的意愿。比如，孩子想要周末去公园玩，而原计划是带着孩子去参加课外班，这时不要急着做出决定，而是心平气和地问孩子："你看，周末咱们定好了要上课外班，这是为了让你长技能，当然去公园玩也挺不错的，可是咱们没有分身的技能,那么你是怎么想的呢?"通过耐心的询问让孩子说出真实的想法,如果孩子执意想要去玩,就是不想学习,可以这样对孩子说:"这样吧,你这么想去玩可能最近是真的学累了,那咱们就不去上课外班了,但是丢掉的课程要再用别的时间补回来,合理吧?"这种学习和游玩相互置换的方式,能让孩子学会权衡利弊,或者改变初衷,或者日后找补,减少了产生矛盾的概率。

第二,和孩子换位思考。

换位思考是逆向思维的核心,只有当父母站在子女的角度,才能更好地理解他们的想法,避免发生冲突。同理,当孩子意识到你站在他们的视角去思考问题时,也会下意识地理解作为家长的难处,即便不会,也能保持和谐的沟通氛围,有助于解决问题。

家中来了客人,儿子因为害羞躲进自己的房间,爸爸走进儿子的房间,笑着说:"我知道你害羞,今天确实来了不少人,但是叔叔阿姨是咱们家的客人,你是咱们家里最重要的成员,如果你不打招呼,叔叔阿姨都不敢多待了。你看,明天你还有同学要过来串门,如果爸爸妈妈也因为害羞躲起来,你的同学是不是也不敢多待了?"儿子想了想,最后跟着爸爸出来和客人打了招呼。

爸爸理解了儿子不打招呼的初衷，能够共情小孩子面对成年人的本能恐惧，所以站在儿子的立场表示了理解，同时让儿子代入了爸爸的视角，意识到这种不礼貌的行为也可能发生在爸爸对待自己的同学身上，那就会影响自己在班里的人缘，这种双向奔赴的换位思考促成了一次有效的亲子沟通。

第三，化主动为被动引导孩子。

不少父母在教育子女的时候，总是认为自己是为了孩子好，所以事事主动出击，强迫孩子做这个那个，结果让孩子产生了强烈的逆反心理，即便不敢爆发，也会长期积郁在心中，一旦有放飞自我的机会就会全盘推翻家长的教育，副作用极大。所以，与其处心积虑地指挥孩子，不如化主动为被动，巧妙地引导孩子。

唐宋八大家中，苏洵和儿子苏轼、苏辙就霸占三席，成了佳话。其实，这和苏洵在教育方面的用心不无联系。在苏轼和苏辙小的时候，像其他孩子一样贪玩，让他们坚持学习可不容易，但是苏洵没有逼迫儿子们去念书，而是每当看到孩子在玩耍的时候，就故意藏在角落里，拿起一本书津津有味地看着，孩子们看到后，苏洵又急忙把书合上，告诉孩子自己什么都没看，让他们一边玩去。一来二去，孩子们就对父亲"偷看"的书籍产生了浓厚的兴趣，一旦发现父亲不在就会贪婪地阅读，最终成为旷古烁今的大文豪。

《颜氏家训》中有这样一段话："人生小幼，精神专利，长成已后，思虑散逸，固须早教，勿失机也。"大意是孩子生性纯粹，精神容易专注，长大成人以后，想法变多，反而容易思想分散，所以教育一定要趁早。事实上，逆向思维就是让家长摒弃"打是亲骂是爱"的落后教育方式，发现孩子身上的长处，尊重他们的想法，用春风化雨的方式引导他们在大好年华刻苦地学习、快乐地成长，这样才能给予他们更光明的未来。

走出"七年之痒"的困境

对已婚人士来说，"七年之痒"似乎是一个可怕的魔咒：无论当初步入婚姻时洋溢着多么灿烂的笑容，终究都敌不过婚后柴米油盐的侵蚀，从恋人变成亲人再变成陌生人，更有甚者变成了仇人……究竟是什么原因造成这一切的呢？

七年之痒，有人归结为喜新厌旧，有人归结为本性暴露，虽然各有各的道理，但其实对婚姻侵蚀作用最大的还是沟通。这种沟通并非热恋期的卿卿我我，而是日常生活中的信息交流："你最近只顾着应酬忽略了家人，请你注意自己身为丈夫和父亲的责任""你就知道买买买，从来不考虑其他支出，别忘了这个家是我们共同承担"诸如此类的交流，看似简单，可在婚姻里很多人要么憋着不说，要么是带着强烈的负面情绪爆发出来，导致矛盾不仅无法消除反而不断激化。

一位女士向朋友倾诉，说自己的婚姻很失败，她表示自己一直过得很不开心，是一个爱生气的人，而老公偏偏就喜欢惹她生气。结婚五年，老公几乎不愿意花时间陪她，在花钱方面也比较小气，甚至还提出过离婚。夫妻二人的生活状态是：老公白天上班，晚上吃完饭就出去玩，有时候半夜才回家。起初，老婆以为老公是待在家中太过烦闷或者工作上有应酬，可有时候即便他待在家中也不愿意陪伴老婆，而是一个人坐在客厅里看电视，老婆想要找他说话，他就转头去睡觉，感觉就是在有意逃避这段婚姻。

这位女士的婚后生活是很多已婚人士的真实写照，而其中最突出的一点就是：缺乏交流。从表面上，问题似乎都出在老公身上，但老婆自述的"很爱生气"也值得探讨：到底是因为什么生气？是对方真的做了错事吗？

在很多婚姻关系中，男性陷入的误区是"结婚了一切似乎就安定下来了"，于是他们不再拥有谈恋爱时的热情，也不太注重陪伴妻子，有问题不及时沟通，而是以消极的心态冷处理，结果矛盾越积越深。同样，女性容易陷入的误区是"对方做了自己不满意的事情就甩脸色，试图用情绪操控对方而非正常的沟通"。那么，在双方都回避沟通的前提下，婚姻就变成了鸡肋，食之无味，弃之可惜。

约翰·戈特曼在其书《幸福的婚姻》中写过这样一段话："四骑士（批评、鄙视、辩护、冷战）轮番出现，导致夫妻双方出现被淹没感，加剧夫妻间的情感疏远和孤独感，导致婚姻逐渐凋亡。"

其实，"四骑士"并不可怕，因为消灭它的最好办法就是沟通。七年之痒并非都归结为变心了，而是许久没有听到正常的交流。那么，怎样的沟通方式才能让婚姻保鲜呢？

第一，不抬杠。

有一种人，结婚前对伴侣百依百顺，婚后却很爱抬杠，而抬杠的都是些鸡毛蒜皮的小事。比如，妻子在扫地，让丈夫抬一下脚，丈夫不仅懒得抬还抬杠说："这不是地球有吸引力吗？不怪我。"这样的沟通只能让一个做家务的妻子怒不可遏，争吵是在所难免的。因此作为丈夫，遇到这种事不仅要尽量顺从，还应该对妻子的付出表示肯定："好的老婆大人，我现在脚抬起来了，你不让我放我就绝不放。"这样的回应，多少会让劳动的妻子心理平衡一些，当然分担家务也是丈夫的责任，光靠耍嘴是不够的。

第二，不要"动手"。

这里所说的"不动手"是指在沟通时加入一些不友好的手势动作，而非家暴行为。虽然手势动作不会给对方造成生理上的伤害，但是对心理上的冲击并不小，因为这是一种行为上的暴力。

　　阿龙和妻子因为要不要换房子的问题爆发了激烈的争吵，妻子认为换房子不划算，而阿龙却认为换房子能让自己更有面子，俩人争执不下，最后阿龙气得用手指着妻子的鼻子说："不买房以后你可别后悔！"话音刚落，妻子的眼中就充满了泪水，随后就崩溃地大哭起来。阿龙也很快愣住了，逐渐回复了冷静。晚饭过后，阿龙问妻子为什么就突然大哭起来，妻子说："你用手指着我的样子很可怕。"

　　肢体动作是表达的重要组成部分，如果阿龙只是对妻子说："不买房你真的会后悔的！"显然就不会对妻子造成严重的伤害，或许还能让对方冷静下来，认真考虑丈夫的提议，但是因为多加了一个手指的动作外加粗暴的语气，就会让一次家庭讨论变成了严酷的指责和声讨，进而让妻子怀疑这段婚姻带给自己的安全感。

　　第三，少说"可是"，多说"如果"。

　　什么是最理想的沟通方式？让自己和对方保持合作共赢，简单说就像是商人谈合作一样，签了这一单对大家都有好处，而不是某一方被迫出卖利益，另一方成为赢家。具体的沟通技巧就是，在表达中尽量不要使用"可是""然而"等字眼，因为这些词汇代表着转折，转折之前可能是对彼此都有利的，而转折之后就变成了损害对方的利益，就将夫妻放置在对立的关系中。

　　小严和小孙分别带着妻子去逛街，小严的妻子看中了一条围巾，试过之后问小严好不好看，小严说："戴着倒是挺配你的，可是显得肤色比较黑。"虽然这句话算是夸奖了妻子的品位，但是表达的重点似乎指向了妻子的肤色不好，瞬间就破坏了妻子的心情。有意思的是，小孙的妻子也看中了一条围巾，当她询问小孙好不好看时，小孙的回答是："挺配合你的穿衣风格的，如果颜色再深一些就好了。"其实小孙的妻子同样肤色不好，但是小孙的回答给人的感觉是围巾的问题，而非妻子的肤色问题。

　　同样的意思，用不同的表达方式说出来，给人的感觉是不同的，其实这并不需要多么高明的表达技巧，需要的是愿意照顾对方情绪的心。

　　我们总有一种错觉，认为在最亲密的人面前，可以不必伪装，也可以"心领神会"，结果就是要么直言不讳要么沉默寡言，久而久之，自然就会对另一半造成严重的心理伤害，也隔绝了彼此交流的通道。殊不知，好的表达方式能够让夫妻关系更加和睦亲密，让一段婚姻更加长久，这不是婚姻的选修课，而是人生的必修课。

亲情变现秘诀：和父母说话的三十六计

互联网是年轻人的天下，所以只要有年轻网民的地方，就有吐槽父母的话题，诸如催婚、干涉恋爱、宠溺孩子等等，不少话题的吐槽重点就是：和父母无法正常沟通。

抛开那些真实存在的家庭矛盾，其实很多年轻人口中的"父母不理解自己"并非客观的评价，只是一种表达上的代沟罢了。不要忘了，每个人都会有衰老的时候，而人到了一定年纪之后，可能会变得思维迟钝、思想僵化，也可能变得唠唠叨叨甚至胡言乱语，不能把这些归结为父母在沟通上存在的问题，而是应该回头审视一下自己：你是否也掌握了和父母说话的技巧呢？

你养我小，我养你老。道理大家都懂，可是很多人一进入实操就处理不好，要么完全不上心，要么把和同龄人相处的沟通技巧生搬硬套，结果自然不会太好。当然，有些父母确实有脾气有个性，加上很多年轻人不和父母一起居住，存在着信息差，因此一般的沟通技巧往往派不上用场，这时不妨使用一些"诡计"。

第一计：偷梁换柱。

子女和父母的很多冲突，都是由父母对子女的期望开始的，有的为子女设想了未来的专业，有的为子女设定了婚恋的目标，还有的为子女的工作也设计好了蓝图。但是，这些往往只是父母的一厢情愿，作为子女既要表达态度，又不能言辞过激，毕竟父母的初衷是想替你做出决策，是出于家长的一种本能保护。所以，要有效破解父母对自己的设计和管控，就要在表面上和他们保持一致，实际上却按照我们的意愿去做。

小凡毕业后准备找工作，他的目标是一家有名气的私企，然而父亲不同意他的选择，认为他应该去报考公务员，进入事业单位，小凡没有正面和父亲对抗，而是平静地说："爸，我准备应聘的那家公司生产的是高科技产品，前途光明，和我的专业也十分对口，当然了，能进事业单位也是不错的，不过那里人才更多，我可能反而没有展示才华的机会，不如去私企好好拼搏一番，毕竟，这个专业当初也是您推荐我报考的，我也不想枉费了你的一番苦心。"父亲听到这里，同意了小凡的选择。

小凡的偷梁换柱，是用"父亲看好的专业"（父子之间的假矛盾）换掉了"父亲看好的单位"（父子当前的真矛盾），表面上是在违背父亲当下的意志，却顺从了若干年前父亲的意志，这样父亲就失去了强迫儿子的立场和理由。当然，如果你的选择是错误的或者是犹豫的，那不要盲目使用这一计，应该先反思一下自己的抉择是否正确，和父母心平气和地沟通，毕竟他们的见识大概率是超过你的。

第二计：反客为主。

很多时候，我们无法像跟朋友交流那样给父母讲大道理，一来是我们可能拿不出过硬的论据，二来是很容易因为身份差异而压制，遇到这种情况，我们不如主动出击，从气势上扭转身为子女的天然劣势，同样有机会说服父母听从我们的意见。

程刚毕业后想要去广东闯一闯，但是父母放心不下，毕竟程刚之前是在他们身边长大的，没有独自在外地生活的经验，母亲甚至一把鼻涕一把泪地说："小刚啊，不是妈不给你闯荡的机会，是真的放心不下你，但凡你高中有住校的经历，但凡你大学在外地念的，妈今天都敢让你一个人去，你可是连饭都不会做的啊。"母亲说完还看了一眼父亲，程刚明白自己已经陷入被动地位，如果父亲再添油加醋一番自己是真的说不动父母了，于是他看着父亲说："爸，我知道你要说什么了，你15岁的时候就去外地上学了，独自奋斗到今天，你就是凭着这股劲儿才被我妈看上的，我也特别为你骄傲，所以你肯定是支持我的吧？"听到儿子这样讲，原本想要劝阻程刚的父亲瞬间愣住了，思考片刻以后改变了立场，同意儿子去外地工作了。

和父母有不同意见时，正面冲突几乎没有胜算，而且还容易激化矛盾，不如想方设法让他们替你着想，了解你的苦衷，这样就能减少说服他们的阻力。

第三计：苦肉计。

当你面临的困境无法依靠一般的计谋"得逞"时，那么你只能用最难受也最终极的招数了——唤起父母疼爱子女的本能，消除眼前的分歧与对立。当然，用软中带硬的方式"胁迫"父母，是万不得已的计策，切勿将其当成随意要挟父母的手段，先不说是否违背道德良心，单从技术上讲，用的次数越多效果就越差，所以还是要先通过和谐沟通的方式消除分歧，避免走到最后一步。

能够掌握和父母的沟通技巧是一门学问，但这绝不局限于表达技巧的层面，还关联到你是如何与父母日常相处的，因为只有你越了解父母，你才越容易找到破解的话术，另外，只有你在平时用心尽孝时，父母才会心甘情愿地站在你的角度思考问题，总之，与父母的健康相处模式才是化解冲突的根本。

用"哼哈二将"对付七大姑八大姨

　　每到春节期间，年轻人都会在吐槽一个共同话题：回家就会被七大姑八大姨询问个人隐私，诸如结没结婚、每月赚多少钱、什么时候要孩子等等，令人不胜其烦。当然客观地说，亲戚们出于对晚辈的关心，偶尔询问一下个人情况也并非冒犯，但是对于母胎单身、工作不稳定和丁克一族等群体来说，谈论自己不感兴趣的话题真的是一种折磨，特别是当七大姑八大姨对自己的人生指点江山时，就更有一种摔门而去的冲动。

　　话又说回来，冲动归冲动，亲戚之间总不能因为几个话题撕破脸皮，我们能做的不是躲着亲戚不见，而是既要保持应有的礼貌寒暄，又要避免对方提及我们不想讨论的话题，最好的回应方式就是"打哈哈"，即明面上在和对方讨论话题，但实际上没一句干货，纯粹只是和对方耍嘴皮子。

fft3ffit

第一，摆烂认怂式的回答。

无论在网上和现实中总能遇到一些杠精，而对杠精最好的回复方式就是：你说什么就是什么，绝不和你展开讨论。比如，对方说你不求上进，你说"对对，我就是这样子"，再比如对方说你没脑子，你说"是是是，所以我想听听你的看法"，这种表达方式虽然看上去"吃亏"，却一了百了，直接终结了对方的挑衅。同理，这套话术也可以用在对付亲戚的各种盘问上。

当长辈问你："你都多大了，怎么还不找对象呢？"

你可以回答："对对，您说得有道理。"

当长辈问你："结婚好几年了怎么还不要孩子呢？"

你可以回答："说的是，我听您的。"

当长辈问你："你这收入也太少了，不换个工作吗？"

你可以回答："您说得对，我也没办法。"

总之，就是无论对方说什么，你都用摆烂的口气表示同意（实际没啥效果），这样几番对话过后，长辈也觉得索然无味，就不会和你讨论此类话题了。

第二，异想天开式的回答。

既然总是逢年过节遇到亲戚盘问，那也不必要因此生气，不如拿出说相声的口气和亲戚逗乐子玩，这样既活跃了气氛，也不顶撞长辈，哼哈两句就过去了。所以，无论长辈的问题有多么刁钻或者扎心，你都要用异于常人思维的方式作答，用无厘头回敬，可以说一招鲜吃遍天。

当长辈问你："女孩子不要挑，岁数大了就不好找了。"

你可以回答："我真的不挑啊，比我大30岁的我都相过亲呢。"

当长辈问你："男的就要有事业心，你这都35了怎么还在基层混呢？"

你可以回答："我真的有事业心啊，我是打算混到40岁被开除以后创业，那就有动力了。"

当长辈问你："你老是相亲不成功，是不是眼光太高了？"

你可以回答："我眼光老低了，所以我配不上给我介绍的人。"

用插科打诨的方式去回应原本可能让你窒息的话题，虽然看起来有些没谱，但是几番对话过后，长辈也能明白你是不想好好回答问题了，要么继续和你逗着玩，要么就换别的话题了，反正当他们习惯这种沟通氛围时，你也不用一本正经地回答他们提出的问题了。

第三，反戈一击式的回答。

从根本上讲，亲戚们之所以问了我们不喜欢的话题，是因为缺少边界感，也就是不懂得哪些话题可以讨论，哪些话题不宜展开，当然，原则上我们不该给亲戚脸色，但如果亲戚确实不上道，明明你都在逗着玩了，对方还是不依不饶地打听你的隐私，这时候就只能用反问的方式回应了。

当长辈问你："你每个月工资多少啊？"

你可以回答："应该跟你家我大哥差不多，他挣多少钱啊？"

当长辈问你："你孩子考试多少分啊？"

你可以回答："不高不低，对了，我大姐（亲戚的子女）家孩子学习怎么样啊？"

当长辈问你："你跟你对象也不太合适，真打算结婚啊？"

你可以回答："咱们家族里也有不少对付过的，您给说说这样对吗？"

反戈一击的关键是用轻松平静的口吻，否则会让亲戚下不来台，你所要展现的就是"既然你关心我那我也关心你一下下"的感觉，一方面可以强行转移话题，另一方面也可以让对方内心吃瘪，意识到正在冒犯你。当然，这只能针对毫无边界感、神经大条甚至有点不怀好意的亲戚。

如今面对亲戚们的各种盘问，年轻人确实压力不小，以至于年关真的成了难过的一关，当然，亲戚毕竟有着一定的血缘关系，我们还是要本着心平气和的心态和对方交流，但一定要记住：只要涉及个人问题的就不要透露，哪怕是公开信息，因为一旦有了先例，亲戚们就会习惯聊起这个话题，所以要用哼哈二将给你把守城门，让外人知道后面是你的世界，远观可以，谢绝入内。

CHAPTER

05

第五章

用技巧赢得获客红利

近乎不过时，关系刷满能兑现

做用户的最好办法就是和用户成为朋友，这一点无论是线上获客还是线下拉客都是有用的，因为只有和用户建立了良好的关系，赢得了对方的信任，才能创造愉快、轻松、和谐的沟通氛围，生意才有做成的可能。

当然，用户并不是待宰的羔羊，也不是无知的小白兔，他们也知道你想赚他们的钱，面对营销人员多少还是心存警惕的，没什么技术含量的话术去套近乎，成功率不高，只有用构思巧妙的方法"套路"一下对方，才能提高成功率。下面，我们就来盘点一下如何与用户拉近关系的四种表达方式。

第一，利用接地气的话题拉近距离。

营销人员和用户套磁，与两个街上的陌生人套磁是不一样的，因为前者是潜在的买卖关系，后者是未知的社交关系，也就是说用户知道你套磁的根本目的，所以一上来就不要直奔主题，而是要想方设法消除隔阂，让对方放下警惕心和排斥感，然后再进行营销。

盛夏时节，销售员小春正在推销一种化妆品，在商场里转悠了半天，看到一位女士走过来，小春一边走一边扇起了扇子，当她站在女士面前时还不忘给对方扇两次，同时擦着脸上的汗水说："今天可真热啊。"女士以为对方是问路的，就愣了一下等着小春开口，小春一边为自己和对方扇风一边说："现在天气是又干又热，对皮肤特别不好，您都是用什么化妆品呢？"女士摇摇头："我就抹了点防晒霜。"小春笑了笑："姐姐，光靠这个不行啊，我们出的皮肤霜不仅能滋润皮肤，还有抗干燥的功能，很适合像您这样每天出门的职业女性。"女士见小春人挺实在，又让人家扇了半天的风，就问："是这样吗？那给我看看吧。"小春接下来就开始展示产品，很快就推销出去两盒。

聊天气，聊生活，这种接地气的话题能淡化对方的销售身份，找到一个更能接近用户的身份，为接下来的营销做好铺垫。

第二，找到共同点建立亲密感。

从心理学的角度看，人对异于自己的人有好奇感，对类于自己的人有好感，所以找到用户和自己身上的共性，比如兴趣爱好等，就能制造出一种"我和你挺像的"熟识感，就能为接下来的营销减少障碍。

大周第一次上门和客户聊天，聊了几句，发现客户和自己就读过同一所高校，大周立即说："真没想到在这儿还能碰到校友，您应该比我大一届吧？那就是学长了。"说完大周还装作认真地来了一句"学长好"，眼看着客户对自己的态度逐渐放松，大周又忙不迭地拿出手机，展示当年上学时拍的校园风景，一下子勾起了客户回忆往事的兴趣，最后大周说："学长啊，既然都是校友，我觉得到你这里来拉订单怪不好意思的，这样，晚上我请你喝杯咖啡，咱们好好找找回忆，就先不打扰你了。"客户答应以后，大周就趁着晚上和客户私聊的机会继续攻心，还和客户找到了一些共同认识的同学，最后轻松拿下了订单。

通过探究了解对方的身份、性格以及籍贯等信息，在心理学上被称为"语言握手"，这代表着两个人之间的陌生感被消除，取而代之的是一种亲密感。亲密感建立之后，我们不仅会找到更多沟通的话题，还能通过深入交谈掌握更多的信息，即使是难搞的客户也可能就此拿下。

第三，采用柔情温暖对方的心。

只要是人，都需要被人理解和关怀，而来自陌生人的温情往往更容易铭记于心，当然，这一招存在着风险，那就是一旦表演痕迹过重，反而会暴露自己的真实想法，所以需要我们具备基本的共情能力，才能让假戏看起来真实。

李芳是一位上门推销产品的销售，这天她敲开了一家住户的房门，只见门后站着一个四十多岁的家庭妇女，形象比较随意，穿着也十分朴素，李芳意识到这是一个整天把心思都用在家庭上的女人，于是她笑着说："大姐你好，一看您就是一个为家庭操劳的女人，贡献了不少，但是亲人可能还不理解，倒是我这种冒昧打扰的外人，一开门就看到您还在忙着。"中年妇女一听，感触颇深，因为平时丈夫和孩子都是衣来伸手的主，对她的劳动习以为常，没想到却被一个销售看在眼里，莫名产生几分感动。接下来，李芳说："大姐，您也看出来我是个销售，我就直说吧，我们公司生产的吸尘器就是为您这样操劳的女性排忧解难的，您看一下样品。"在李芳的介绍下，中年妇女意识到一款科技产品能为自己减轻不少劳动负担，就欣然地购买了。

关怀的话语会让人温暖，几句贴心的话会让对方消解对你的提防，当然这需要你先学会观察，了解对方痛点在哪里：家庭主妇需要家人理解她们的劳动，打工一族需要家人明白他们的付出，老人需要晚辈感受到他们的孤独……总之，越贴近人心其破冰的效果就越好。

获客不是撒网捕鱼，准确地说是用饵钓鱼，需要你找准对方的弱点作为突破口，化被动为主动，转消极为积极，用最短的路径进入销售主体，这比起直接推销来说更加丝滑流畅，这就是用套磁的表达话术为赢得真金白银的红利。

用沉默去说服别人

在大众的印象中，销售应该是那种面对客户滔滔不绝的"社牛"，和谁聊天谁都能插上话。其实，这也是一种刻板印象。诚然，销售大多有能言善辩的口才，但就像好的赛车手不仅懂得加速也懂得减速一样，好的销售也应懂得适当地保持沉默。

保持沉默，看似是主动放弃了话语权，但其实这是一种"战术沉默"，即看起来是"理屈词穷"了，其实是趁机观察客户的反应并进行缜密的思考，在大脑中快速地复盘刚才的话术是否存在漏洞，从而决定在一个回合中如何用合适的表达方式说服客户。凡是不懂得适时保持沉默的销售，往往都是自以为是、自作聪明的人，他们最多空有如簧的巧舌，却没有冷静的头脑和善于洞察的双眼。

适时保持沉默的重点不在于"沉默"，而是"适时"，也就是说要抓住时机，掌握尺度，不能动不动就一言不发，这样只能起负面作用甚至丧失交易的机会，那就是滥用沉默战术了。为此，我们要恪守以下四条准则。

第一，沉默要有计划和目的。

沉默不是让交流中断，而是要趁着交流暂停的时机去做更重要的事情。比如你对客户说了半天，客户却没有任何反应，这时候你就该保持沉默，看客户是否会表达自己的想法，这就是你沉默的目的。另外，仅有目的是不够的，你还要准备好计划，比如你沉默了半分钟以后，客户还是一言不发，这时候再继续保持沉默就是葬送交易了，所以你必须有一个B计划：当客户依旧不表态的时候，带着客户去吃饭，通过共同进餐的机会让对方情绪放松，进而套出对方的心里话。目的与计划并行，这样的沉默才是有智慧的沉默。

第二，沉默要控制节奏。

我们在写文章的时候可以说"沉默片刻"，但在实操时就要有一个具体的时间，这个如何来判断呢？在一般的交易中，沉默个10秒左右通常就会有效果，而如果是涉及大宗交易的商业谈判，那沉默1~2分钟才有战术价值。总之，要根据你们的交易背景、沟通氛围等因素综合判断，同时要观察对方的表情和动作，如果对方用期待的眼神看着你时，可能就需要你继续沟通了。

第三，沉默要有关联行为。

准确地说，沉默是表达的组成部分，而不能理解为"不表达"，也就是说你的沉默要和之前的言行联系起来，是一种酝酿和准备，或者是一种停顿和等待，是一种无声的语言。比如，你向客户介绍合作方式的时候，可以在所有话术讲完之后加上一句："您看，每一种合作模式都有利弊，这需要您结合贵公司的实际情况来决定，您可以斟酌一下，不必着急。"说完之后就不必再说，而对方则会陷入思考之中，这时候的沉默就不是突兀的，是有铺垫的。否则，客户可能会觉得你有什么难言之隐在组织语言，会一直期待地看着你，这就破坏了沟通的节奏。

第四，沉默要看准时机。

时机找准才能产生"一击必杀"的效果，否则只能破坏正常的交流。比如，你在介绍产品的时候，客户听得饶有兴趣，这时候你突然沉默就会让对方一头雾水，会误以为你忘记了产品的某项重要参数，反而打消了要交易的念头。至于什么时机最合理，通常是下列三种情况：一是对方的态度不明朗，你不知道该重点阐述哪些内容，这时候就要给予对方表达的机会；二是你传递的信息过多，对方需要一个消化和思考的机会，继续说下去只能让对方"信息过载"，所以需要沉默片刻中场休息一下；三是你和对方存在信息不对称的情况，如果你说得太多就会暴露自己，不如短暂沉默一下给对方暴露自己的机会，缩短信息差距。

营销界一直流传一句话："多言之客以耳闻，少言之客以口问"。意思是营销人员和客户交流时，要多倾听对方的想法，多问对方的需求，最忌讳的就是多言多语，因为言多必失是不变的真理。

适当地保持沉默，不仅是一种营销层面的战术，更是一种表达的智慧，很多时候，我们急于求成的结果往往是背道而驰，或许这就是"欲速则不达"的真实写照。当我们一门心思想要说服客户的时候，不如让自己放缓沟通的节奏，暂时保持缄默，或许能够给自己的销售工作带来新的转机。

学会"抢"话，你才有主场

先发制人，不仅是兵法上的制胜战术，也是表达中惯用的套路。在沟通中，双方总会有一个人占据话语权，相当于足球场上的"球权"——谁先发表观念，对方就要被迫接招。在营销活动中，面对客户也要瞅准时机抢夺话语权，目的并不是剥夺对方的说话机会，而是打消对方的顾虑，将话语权牢牢控制在己方这里，保持主动优势，这就是"抢话"的作用。

当然，这里所说的"抢话"，并非不讲礼貌地抢话，而是通过观察、倾听以及询问等多种手段，预知了对方的想法，在其尚未开口之时快人一步地表达出来。

第一，干预对方的决策。

好的销售，能够找准客户的痛点所在，一方面是个人能力的展示，另一方面是产品实力的证明。因此，在和客户沟通时，不要只顾着自己说话，要随时留意对方的表情、神态以及其他肢体行为，做好预判。

国外有一位地产销售员，一天他带着一对夫妻看房子，当夫妻来到后院时，看到了一棵美丽的樱桃树，妻子十分高兴地对丈夫说："你看，这棵樱桃树好美啊！"紧接着，这对夫妻又进入客厅，看到了破旧损坏的地板，丈夫顿时露出失望的表情。销售员捕捉到这个表情之后，马上说："您也看到了，客厅的地板确实有些旧了，但是你们站在这里，可以从窗户看到院子里的樱桃树。"夫妻没说什么，可当他们进入厨房以后，发现厨具十分老旧，可不等他们开口，销售员又抢先一步说："这些东西确实过时了，但是你们在这里做饭的时候，可以通过窗户看见院子里的樱桃树。"最后，这对夫妻还是买下了这栋房子。

地产销售员为什么能说服夫妻呢？因为他了解到这对夫妻准备结婚，想要购买一处婚房，所以他们对浪漫诗意的居住环境很是向往，尤其是妻子最喜欢那棵樱桃树，所以不等他们表态，销售员就把注意力始终放在樱桃树上，让妻子不免陷入了对新生活的向往中，也就忽视了可以更换的地板和厨具。如果这位销售员没有抢话，让夫妻二人都表达出对某些地方的不满，那么在交换意见之后，对房子的购买意愿就会下降，所以销售员通过抢话的方式干预了他们的决策。

第二，引导对方理性思考。

任何产品都有优点和缺陷，哪怕是高档次的产品，当然，这里所说的缺陷不能是致命的缺陷，而是不影响用户正常使用、最多带来一些小困扰、小麻烦的缺陷。那么，当客户察觉出这些缺陷时，你就要及时地描述产品的优势，用优势去掩盖缺陷，减少产品带给客户的负面印象。

一位顾客来到商场，准备购买一台空气加湿器，经过销售介绍，客户对这款机器很感兴趣，然而在了解到加湿器比较耗电之后，客户顿时沉默下来，销售一看就意识到客户开始犹豫了，于是马上介绍说："这款加湿器带有智能加湿的功能，而且针对不同的用户有预设的档位，比如老人或者儿童等等，能够照顾到咱们每一个家庭成员，当然，这款机器因为功率较高所以功耗也会略高一些，但这些消耗的电费能让它覆盖更大的面积，对于人口多、居住面积大的用户来说再合适不过了。"客户一听，觉得也有道理，最后痛快地付款了。

销售这一次抢话，是注意到客户对功耗的在意程度，这本身是进入了思维误区：机器耗电高但功率也高，缺点是伴随着优点的。所以，销售向客户讲述了如何理性看待产品缺陷的问题，引导客户进行综合判断，避免对方陷入主观、片面的思维胡同里。

第三，挖掘对方潜在需求。

很多时候，客户面对产品是茫然的，他们可能不知道自己是否真的有需求，这就需要销售人员在客户尚未形成先入为主的认识之前把话抢过来，让客户意识到自己原来有充足的消费理由，强化购买意愿。

商场里，一位老人来到智能手机专柜前随便看了看，销售马上对老人介绍起了各种机型，然而老人却露出不太感兴趣的样子，显然他觉得自己不需要智能机，正在老人开口表示不需要推荐时，销售抢先一步说："您这个年龄估计是退休了，肯定有不少玩得好的老伙伴，大家在一起建个微信群什么的聊聊天，约个聚会，都是挺方便的，您要是不用智能机就等于被排出圈外了啊。"老人一听，觉得十分有道理，的确他的老邻居、老战友都在玩群聊，于是在销售的推荐下购买了一部高性价比的智能手机。

当客户和销售都没有意识到产品的潜在价值时，就会造成交易失败，所以一定要在对方打消购买念头之前引导他们发现真相——原来我真的需要这款产品，这就是抢话的意义所在。

和客户的沟通，就像踏入了一片交流的战场，虽然你们不是真正的敌对关系，但在同一个时间内，谁掌握并制造着"信息流"，谁说服对方的概率就越大，而要想把战场变成自己的主场，就要先察觉对方的痛点所在，果断开口，及时打消一切对交易不利的信息传递，这种争抢式的表达自然能为你带来销售红利。

卖点要"精装",重点要"彩妆"

营销话术的关键环节是展示产品的卖点,而营销人员讲述卖点的部分就是沟通重点。那么,如何包装卖点并浓墨重彩地表达出来呢?

"卖点营销"指的是刺激消费者购买欲望的方法,应用在表达中就是通过提高语言技巧介绍商品的优势,从而将产品打造成"奇货可居"的感觉,让消费者忍不住掏钱购买。

那么,如何把产品包装成"奇货"呢?最直接的办法就是勾起消费者的好奇心,让他们对产品充满兴趣,在兴趣的驱使下就能产生购买的意愿。根据统计,在销售人员和消费者最初沟通的5分钟里,消费者的注意力是比较集中的,此时销售人员如果能够将商品的亮点展示给他们,成交的概率就会大大增加,所以勾起对方的好奇心,就能调动对方的注意力,甚至可能延长5分钟,让客户围着你的产品转。

通常，勾起消费者的好奇心有三种办法。

第一，犹抱琵琶半遮面。

一览无遗不是美，半遮半掩才能打造美的神秘感。美学如此，营销亦是如此。想让客户对产品产生兴趣，不必喋喋不休地说个没完，而是只需要"随意"地一提，就能让客户抓到关注点，然后主动向你询问产品。

一位代理胎压检测设备的销售来到一家汽修店，免费为他们检查了几个轮胎，可是店主仍然没有购买的意思，因为他店里不缺类似的产品，这时销售对店主说："刚才我帮您检测的那批轮胎中，有几个发现了小问题，但是不影响使用。"店主一听觉得奇怪，这么快就能检测出问题了？于是就追问是怎么回事，然而销售没有急于回答，当着店主的面重新演示了检测仪的使用方法，由于店主这次注意力相当集中，所以才有机会看清楚该设备的性能和特点，发现和自己店里的老设备相比简直又高效又方便，当即产生了购买兴趣，销售成功拿下一笔订单。

犹抱琵琶半遮面的用法在于，只告诉对方一部分信息，也就是关键信息，通过这些信息展示产品的优势所在，但具体细节不说，这样对方才有探知的欲望，而你则可以把这种探知欲转化为消费欲。

第二，此物只应天上有。

营销就要讲究差异化，泯然于众的产品只会被市场和时代抛弃。所以，销售不能说"我们的产品比xx的不差"，这样等于承认和竞品差距不大，而是要表达出"我们的产品独此一份"的感觉，才能真正捕捉到消费者的探知欲和占有欲。

此物只应天上有的用法在于突出独特，而这个独特是真的涉及消费者的知识盲区，在这个盲区里你有话语权和解释权，利用这种信息差就能将卖点包装得高大上，而消费者也认为是真的买到了奇货。

第三，山重水复疑无路。

勾起好奇心最直接的办法就是设置悬念，让消费者看到一幕"不可思议"的场景，然后等待他们过来询问，在这种强烈探知欲的促动下，他们就会不知不觉地进入你的营销套路中。

某商场有一位销售员，负责出售去污剂，和别的销售员不一样，他很少在商场里走动，就是守着自己的一亩三分地不动，奇怪的是，很多顾客总是被他吸引过去，常常是里三层外三层地围着他。原来，每当有顾客从销售员身边经过时，销售员总会故意弄翻一个燃料瓶子，然后故作惊慌地说："哎呀，这可怎么办啊?"

顾客看到他的狼狈相，也想知道这小伙子该怎么处理脏衣服，接下来销售员就一边喊着"怎么办"一边用去污剂清洁工作服，整个过程一直吸引顾客围观，等到他成功清洁了衣服之后，大家也对这款去污剂产生了浓厚的兴趣，于是纷纷购买。

山重水复疑无路的下一句是柳暗花明又一村，所以它的用法是设置悬念并给出真相，这个过程不能太短也不能长，为的是在有效的时间内制造神秘感，同时不让顾客失去耐心，所以不超过5分钟都是没什么问题的，而当真相大白时，消费者也成功被你吸引。

好奇心是驱动客户了解产品的原动力，但这个动力需要掌控节奏，更需要把握尺度，可以带有一定的表演性，但不能表演痕迹过于明显，它既是表达的艺术，也是演绎的技巧，想要熟练地掌握，就要在日常生活中多和别人打交道，学会观察人们的表情和动作，才有机会锁定客户的需求，引导他们完成交易。

赞美是一种重要的获客方法

赞美，不仅在人际交往中是常用的表达技巧，在营销活动中更是获客的重要手段。懂得如何精准地夸奖客户，就能获得更好的人缘，赢得对方的信任，从而获取更多的利润。

不要相信"宁愿听难听的真话，也不想听好听的假话"，一个人真的被理性地批判时，很难会产生良好的情绪，更不要说面对不能得罪的客户了。当然，销售人员对客户的赞美和日常的人际交往不同，它需要"卡"在一个比较高明的点上：既不突兀又能被感知，既不谄媚又不平淡。

第一，间接的赞美。

一个人年纪越大、社会地位越高，所能听到的夸奖就越多，相对地，他们对被夸奖的感知度就会提高，简单、直接、朴素的夸奖就对他们无效，成为一种低级的讨好，特别是对于销售和客户这种关系，客户会本能地产生防备心理，因为对方知道你夸奖的真实目的。与其往枪口上撞，不如把夸奖的对象从人转变为物，反而更容易打动他们。

面对客户时，我们也可以借助这种思路，当看到客户穿着一件新衣服的时候可以说："这衣服真的不错，但是很挑人，像我这种身材不好的就穿不了。"看似是在夸奖衣服，其实是在夸奖客户的身材，还捎带自嘲了一下，那么接下来你有求于客户时，客户就很难冷冰冰地拒绝了。

第二，具象的赞美。

直接的赞美固然效果不够强烈，但如果赞美的对象十分具体，那么也会产生一定的感染力，因为在对方看来，你的夸奖是真实的，是发自内心。打个比方，如果你只夸客户"您气质真好"，一听就是谄媚之词，但如果夸奖客户"您给人的感觉就像是高等学府走出来的，浓而不烈的一股书卷气和知性美"，对方就不太会产生抵触情绪，反而会慢慢回味其中的赞美。

想要做到具象的赞美，就要多观察生活，比如你想夸奖客户的身材，就要多留意哪些地方可以详细展开，比如纤细的手指、挺拔的胸膛等等，就像是真的在寻找对方的优点一样，这种夸奖才有了朋友之间真心赞赏对方的感觉，会拉近彼此的距离。

第三，无意的赞美。

不经意的夸奖，往往是最有真实感的，它既不刻意，又容易被人记住，毕竟"说者无心，听者有意"。尤其是对大客户来说，每天都要面对各种销售人员，所以对各类赞美之词早就具有免疫力了，哪怕你绞尽脑汁也很难想出打动对方的话，与其如此费时费力，不如装作不经意地夸奖对方。打个比方，你走进客户的办公室，可以微笑着说："您好，我们的策划方案已经出来了，这两天您看下能不能定下来。"说完，你递给客户策划书同时瞥了对方的手一眼："哎呀，您这手保养得真好……这是策划书。"这种"插入广告"式的表达，看似信息量不大，却更容易被对方注意到，会给人一种亲切自然的感觉，如果真的夸到了点子上，对方会记忆很长一段时间。

第四，以点带面的赞美。

如果我们发现客户具备了某个长处之后，会下意识地夸奖这个长处，但这样一来又变成了直接的赞美，正确的做法是，我们不要局限在这一个长处上，而是将其合理地放大，从而展示出客户在某方面的优点，这就升华了赞美的主题，比如你通过和客户交谈得知对方很爱孩子，如果只是夸"点"是这样说的："您真是一个称职的好父亲。"这就还是直接赞美。如果是"以面带点"的夸奖就是："您是真的把家人放在第一位啊，我猜您对自己的团队也是非常关心的，有这样格局的领导现在不多了。"这样的夸奖就从"对孩子好"升级到了"对家人好"接着转移到了"对团队好"，高度上去了，对方的感知也更强烈了，这样的赞美"杀伤力"量级就提升了。

第五，背后的赞美。

背后赞美和背后议论是两回事，或许有人认为背后谈论客户是不对的，但如果是夸奖客户就是善意之举。比如，你去客户公司谈业务，走出公司时，可以对送你的人说："咱们经理确实是有决断力的人，跑了这么多年业务都很少见。"当然你会担心，如果没人传达这些赞美怎么办？那就增加赞美的频率和说话的场合，这样总会有人帮你传递出去，而且只要传出去一句，其效果远超当面赞美客户十句。

赞美客户是一种需要深入琢磨的表达技巧，因为人性是复杂的，同样一句话，在对方处于不同情绪下的感知也是不一样的，所以我们在高明地讨好之前，要仔细地观察对方的情绪状态、沟通氛围以及在场人物，既不要盲目地夸奖，也不能过于谨慎。打动人心，是从眼睛入手（观察），从大脑计划（措辞），再从口中送出（表达），每个环节都要用心，才能以一气呵成的方式直击对方"要害"。

面带微笑把对方的退路堵死

对销售人员来说，最不爱听到的就是客户说"不"字了，这意味着本次交易可能泡汤，意味着客户可能要寻找新的供应商。如果是容易悲观的销售，可能在听到"不"字以后就以为一切结束了，如果是天性乐观的销售，还会因为客户不过是放了个烟幕弹而已……但其实无论悲观还是盲目乐观都不可取，我们要正视被客户拒绝是一件极易发生的事情，是对销售最基本的心理考验。

真正优秀的销售，不会惧怕客户说"不"字，反而会把客户的退路堵死。听上去有些难度，但只要掌握一些基本的技巧就能逆势而动。

第一，锁定需求点，强化购买意愿。

有时候，客户拒绝我们，并非真的对产品不感兴趣，而是没有找准需求点。打个比方，客户需要一辆家用型的小排量汽车，你却向对方推荐大排量的越野汽车，虽然客户的需求是"买车"，但需求点没有找准，自然会遭到客户的拒绝。所以，不给客户退路的最直接办法是选择正确的打开方式。

某商场的厨具专区里，一位大妈来到销售面前，看向了展柜上的抽油烟机，销售问："阿姨，您是来看抽油烟机的吧？"销售一边说一边准备介绍，大妈居然转身准备走，似乎是在拒绝的样子，然而销售注意到大妈手里拎着一盒儿童积木，就凑上前说："阿姨，看您应该是有第三代人了，逢年过节，孩子们都回来的时候肯定热闹，但是做菜也挺辛苦的是吧？"大妈一听就打开了话匣子："是啊，我儿子带着孙子回来，我是真高兴，可是每次都得忙活一大天，在厨房里站几个小时呢。"销售说："所以啊，我觉得您需要一台功率大的抽油烟机，几个炉灶同时做菜也能应付过来。"大妈说："不瞒你说，刚才我是犹豫着买不买，因为家里的也能用，好的抽油烟机要几千元，就有点舍不得，你要不是多跟我说一句我就走了。"销售一听，笑着向大妈介绍："我们商场现在打折，有几款不超过千元，挺划算的。"最终在销售的介绍下，大妈购买了一台抽油烟机。

这个案例中，销售对客户需求的定位从"需要抽油烟机"到"需要大功率抽油烟机"再到"性价比高的大功率抽油烟机"，层层递进，所以大妈的态度也从最初的犹豫变成了感兴趣并最终完成了交易。

第二，打感情牌，打消客户拒绝的念头。

礼貌待客，听起来是每个销售都应该懂的道理，然而在实践中并非人人都能做好，很多销售面对客户就是微微一笑、说几句恭维话，以为这就是礼貌待客了。其实，这不过是一种看似礼貌实则机械的虚假热情，对于那些购买意愿不强的客户来说并没有粘合力。下面，我们分别来看两组不同的对话。

对话1

销售："先生您好，需要看些什么我给您介绍一下。"

顾客："啊，我就是随便看看，不用了。"

销售："您想购买电视机吗？这一排都是我们卖得最好的。"

顾客："我不买，谢谢。"

销售："那您是想看看空调吗？这是新上市的……"

顾客："不了啊，我到别处再看看……"

在这段对话里，销售看起来是用语礼貌，态度和蔼甚至热情有加，然而这热情过于程式化，纯粹是为了促成交易而生的礼貌，职业味道很重，对任何人都适用，也就是对任何人都不适用，所以无法留住顾客，只能得到三个"不"字。

对话2

销售："先生您好，这么热的天一定渴了吧，我们这儿有凉水。"

顾客："不了，我上那边逛逛。"

销售："没事的，看您都出汗了。"

顾客："那给我来一杯吧。"

销售："这边有椅子，您过来坐一会儿。"

顾客："谢谢啊。"

销售："您可以边歇着边看看我们的产品，天这么热的，空调电扇可能有您需要的。"

顾客："好的，那你给我介绍介绍这个吧。"

在这段对话里，销售没有开门见山地提出为客户介绍产品，而是关心客户渴不渴、累不累这些问题，这是一种体贴入微的热情而非敷衍式的热情，客户会感觉到一种善意，本来并没有打算买什么东西，但在销售的热情照顾下接受了对方的介绍，这就打开了营销的第一步。

第三，坚持到底，以恒心说服客户。

不是每个销售都有过人的天赋，或许你经验欠缺，或许你的口才不够出众，或许你没有一杯凉水提供给客户，但如果你能坚持去说服客户，依然有逐步打消对方戒备心理的可能，不过，客户在这个过程中可能会对你说出若干个"不"，但没有关系，决定生意成败的往往只在于关键的一句话，这绝非是死脑筋，而是一种"很实用"的攻坚策略。

梁成是一位农机设备推销商，在向一位新客户介绍产品之后，问客户是否准备下单购买，然而客户却表示了拒绝："暂时不想。"梁成问："听您的意思，是想在本月底之前投入使用，如果我们能准时给您送货，是不是就有购买的意向了？"客户摇摇头："这个不好说。"梁成接着说："如果我们提供定制化的服务，是不是能更符合您的需求呢？"客户点点头："最好是这样，因为你们的设备尺寸和我们的厂房不是很匹配。"梁成说："这个我们可以满足，至于产能方面请您放心，肯定可以月底前生产完，不会耽误您的正常计划。"客户随即和梁成签了购买合同。

客户虽然连说了两个"不"，但梁成并没有因此放弃，而是通过排除法逐渐发现客户的痛点所在，最终锁定了客户的核心诉求，完成了交易。这种坚持并非死脑筋，而是通过积极的试错来寻找正确选项，实现交易的最终达成。

作为销售，面对客户口中的"不"应该保持冷静的思考：客户是真的拒绝购买还是另有原因？只有分析出背后的真相，通过准确地表达来了解客户的真实想法，才能找到营销的切入点。

把你的技能点加在说服力上

销售工作，本质上是一场攻心战。攻的是客户的怀疑之心（这个产品真有那么好吗？）、彷徨之心（产品挺好的但我真的需要吗？）以及认同之心（我买了但是我是不是该给个差评？）。最终战果如何，取决于销售的综合素质，但如果非要找出一个核心技能的话，毫无疑问就是说服力了。

虽然我们从1岁左右就能开始说话了，但扪心自问：你真懂得说话的艺术吗？同样一个词，可以表达出不同的含义，而用不同的语气也能产生不同的表达效果，只有当我们把技能点都加在说服力上，才能成功说服客户，达成交易。下面，我们就来分享一些说服客户的技巧。

第一，正面肯定+诱导提问。

销售介绍产品，肯定是要多说正面信息，负面信息最好不说或者只说一点点，但客户不傻，他们可能更想知道产品的缺点是什么，于是这就产生了矛盾。所以，高明的说服技巧不是对缺点避而不谈，而是直接让客户忽视缺点，同时诱导客户做出有利于我们的选择。

这天，在电器城做销售的小玲接待了一位客户，对方打算选购一台微波炉，但是竞品很多，客户显然是想多看看再做决定，为了留住客户，小玲笑着对客户说："先生，我们家的微波炉很受用户喜欢，现在有不同容量的两款，您打算选哪一款呢？"小玲一边说一边给客户展示着不同款式的微波炉，客户说他家里人口少，买个小容量的就够用了，于是小玲就为他详细介绍小容量的款式，一来二去客户就动了心，最后愉快地付款了。

小玲和客户的对话是藏着门道的，她并没有问客户"想要购买微波炉吗？"因为这样问得到的答复很可能是"我想先看看"，这很可能会中断了交易，所以小玲避开"买不买"这个问题，而是直接正面肯定了产品深受欢迎，然后问客户想要什么款式，也就是说不给客户拒绝的机会，而客户也在诱导之下不知不觉地了解起了产品，最后完成了交易。

第二，找出重点+解决问题。

很多时候，销售没能说服客户，并非话术有问题，而是没有问到点子上，相反，给自己预设了一大堆难题去破解，而事实上客户的诉求其实很简单，不过是你没有发现而已。

超市里，一位有些腼腆的大叔来到粮油专区，销售走过去询问："您好，需要买什么？"大叔先是看了看一袋50斤的面粉问了价格，然后又看向了一袋20斤的面粉："这个袋子都结实的吧？"销售说："肯定结实，不过咱们家是几口人呢？买50斤的面粉更划算，现在还有打折活动。"大叔摇了摇头："我就要这个20斤的吧。"销售笑了笑："大叔，您是怕50斤的面粉不好拿吧？我们是这样规定的，如果总重达到100斤就送货上门，现在买两袋50斤的面粉能打八折，还可以送货到家。"大叔一听终于松了口气："那太好了，我家人口多，我买三袋！"

大叔之所以盯着20斤的面粉不放，是因为他只能拿得动这个分量，而销售察觉出了重点所在并给出了解决方案，自然就成功说服了对方。在实操中，我们可以通过观察和询问的方式去寻找重点，比如"您是暂时不想买还是确实没兴趣""您是不是在别的店预定了""您如果想分期付款我们这边没问题的"，总之，不要主观地认为客户就是对价格不满意、对性能不满意或者是对品牌不满意，要找出重点，针对性地解决问题，交易就可能顺利完成了。

第三，产品类比+理性劝说。

客户是人，而只要是人就会犯错，会陷入思维的误区之中，用俗话来描述就是"犟"，对一个问题死钻牛角尖，甚至不是有意为之，而是自己给自己设定了障碍，那么遇到这种情况，销售如果不把客户从误区中带出来，正面硬刚是没有什么好结局的。

阿荣是一位汽车销售，这天他接待了一位客户，对方看车看了半天，又试驾了一下，然而还是对车的安全性表示不放心，甚至让阿荣给他找一些汽车内部的结构图以及安全气囊的演示视频等。阿荣并没有觉得烦，而是心平气和地对客户说："我看您用的这款手机不错，请问您在购买前也了解里面的零部件和结构吗？"客户摇摇头，阿荣又笑着说："对嘛，咱们买产品，一定程度上是认可这个品牌，不光是手机，还有电脑、电视机，我们都不可能拆开看了之后再作决定，这是因为我们相信品牌商不会坑害我们，这辆汽车也是如此，销量摆在这里，车主点评可以看到，您还有什么不放心的呢？"这位有点偏执的客户听了之后觉得有理，终于从死胡同里绕出来了，购买了汽车。

产品类比，就是要拿眼前的事物去说服客户，帮助他们认识到自己在某方面的偏执，回归理性和现实，重新审视自己和产品的关系。

优秀的销售人员，必须是优秀的说服者，他们可能没有演说家的强大气场，也可能没有雄辩家的缜密逻辑，但他们必须具备对人性的最基本的观察和拿捏，因为这是他们选择正确表达方式的起点，也只有找到最合适的说服话术，才能解开客户的心结，在销售活动中斩获红利。

CHAPTER
06

第六章

同事变知己，让你在职场有个好人缘

闲聊有分寸，打听须谨慎

小倩大学毕业后进入一家公司，怀着热情和理想投入了工作，然而很快她就遇到一个尴尬的事情：公司里总有一些同事会聊些私人话题，从恋爱到结婚再到管教孩子，让小倩不知道该不该插话。按理说，同事之间总要通过闲聊生活来增进感情，可小倩也知道职场中人际关系复杂，不能显得不合群，可是聊隐私又怕说错话。小倩为此十分困扰，她不知道怎么处理这个棘手的问题。

职场中，同事关系的亲密程度，一方面取决于工作上的默契程度，另一方面就取决于工作之外的情感联络了，而八卦则是重要的组成部分。一个只和同事谈工作的人，很难和同事建立工作之外的情谊。但是我们也要看到，在工作场合谈论私事，是带有一定风险的，你可能在无意中暴露了自己的隐私，让有心之人发现你身上的弱点，或者是无意中吐槽同事甚至领导而给自己招来无妄之灾。

老姜在公司工作了七年，也算是资历老、有一定能力的人，然而职务却原地踏步，好几年都没有变化。老姜把苦恼给朋友们说了，有朋友分析，可能是老姜在单位里说了不该说的话。老姜斩钉截铁地表示："我从来都不议论领导，也不吐槽同事，都是说该说、能说的！"后来经过朋友的一番提醒，老姜这才想起，自己多次跟同事吐槽了他那个不省心的弟弟，让他每天都过得不安生。朋友听到这里笑了笑："问题就出在这儿，肯定是有人把你这些破烂事跟领导说了，那么在领导看来，你是一个私事缠身的人，没有那么多精力放在工作上，如果将你提拔到重要岗位上，那就是埋下了一颗定时炸弹，甚至可以说，你连亲弟弟都搞不定，还能处理好什么大事儿呢？"老姜听到这里恍然大悟，为自己口无遮拦的举动后悔万分。

很多人每天在单位的时间超过了在家中，和同事相处更多，有时候就难免把同事当成朋友，聊到生活上就开始不分公事和私事，却忘了职场本身就是名利场，存在着互相竞争的关系，结果一不留神给自己爆了"黑料"，导致前途受到影响。

当然，我们不排除在职场上能交到真心的朋友，但这种情况并不常见，所以我们和同事的八卦要掌握好尺度：既不能无话不谈，又不能口无遮拦。因此，我们要给自己设定一些话题禁区，在职场的闲聊中不要触碰。

第一，不要打听同事的隐私。

同事可以主动和你聊他们的隐私，但你不要主动询问对方的隐私，因为每个人对隐私的界定是不同的，在同事眼中，谈恋爱可能不是隐私，但原生家庭是隐私，如果你恰巧提及了后者，就会引起对方的反感。而且对敏感之人来说，你主动打听别人的对象是做什么的、父母是干什么的，似乎是在打听别人的社会背景和人脉资源，就会把你认定为一个颇有心机的"危险分子"，不利于你构建良好的职场关系。

同样，如果同事主动询问你的隐私问题比如情感生活方面的，你不要把这当成是关系升级的契机，因为一个人在情感生活上的表现最容易暴露出性格上的缺陷，而职场就是战场，你的缺陷被越多人了解，你就会为自己埋下越多的隐患。所以，关于情感话题的探讨要么避而不谈，要么只说个大概，不要涉及任何细节。

第二，不要打听同事的经济状况。

如今很多公司都采取工资保密制度，就是防止同事之间因收入不同而引发矛盾，按照这个逻辑，你不仅不能问同事的工资收入，也不能打听人家的经济状况，打个比方，你可以问同事假期去哪里旅游，但不要问旅游中的具体花销，这等于在揣摩对方的消费能力。

同样，如果同事主动询问你的经济状况时，你可以通过开玩笑的方式回避："哎呀，我最近都吃土了，你家那边有工地不，我去挖点。"这样对方就知道触碰了你的底线，也不会追问，如果对方不管不顾的就是要打听你的经济状况，你不如严肃地告诉对方："对不起，我不想谈这个话题。"

第三，不要打听同事的职业规划。

这里所说的职业规划，换个角度看就是"野心"。职场上几乎每个人都有一个远大目标，这能促动一个人为此努力工作，但不适合拿来作为话题，因为一旦说出了自己的计划，就等于向其他人宣战，所以你有多大的野心都不要当成谈资，而是用实力和业绩来证明。同样，你也不能打听同事的职业规划，避免被对方误解为在刺探情报。

巴菲特曾说："选择正直的人，作为工作的同事。这一点是最为重要的因素。我不与我不喜欢或不敬慕的人打交道。这是关键所在。这一点有点像婚姻。"

职场上当然也有靠谱的同事，这种人不会恶意揣测别人，反而会热心帮助他人，如果你确定身边有这样的同事，能够感受到他们身上发出的正能量，那么和他们深入交往就是有意义的，毕竟同事相处的时间更长，更能理解你在工作上的困境、你的能力短板以及你的人际关系，能够给你提出有建设性的意见，这是朋友无法做到的。

总之，职场上有君子，也有小人，当然更多的还是普通人：他们不想用损人利己的方式让自己上位，也不想牺牲个人利益去维护他人，他们只想用平稳、可靠、安全的方式为自己争得利益。因此，我们要做的是不把人想得太坏，但也不能过于高估，把自己放置在一个安全区域里。

职场上，每个人都是存在客观等级的，职务有高低，资历有深浅，能力有强弱……所以我们要找准自己的定位，拿捏好与同事相处的尺度，不要被人抓住把柄，也不要被人视作难以接触的异类，把握好分寸感和界限感，我们才能游刃有余地应付各种复杂关系，吃到职场上的社交红利。

想要年终奖：开口前打草稿

混迹职场，不仅需要有过硬的专业能力，更需要掌握一定的表达技巧，即便你是做技术的，不需要面对客户，但总要面对同事和领导，如果不懂得沟通中的技巧，就无法融入团队，更难以获得同事和领导的信任与好感，最终成为你职业成长的瓶颈。

和同事沟通，不像和朋友沟通那样，容错率很低，说错一句话，可能造成的影响巨大，毕竟同事不会像朋友那样包容你，而你们之间则牵扯到各种利益关系，因此在日常沟通中，一定要在开口前打好草稿，做到谨言慎行才能确保万无一失。

谭明是公司的销售骨干，性格外向，平时和同事的关系十分融洽。不过最近一段时间，谭明发现一位同事似乎对自己有意见，不仅不像过去那样配合自己，反而开始抢他的客户，见面之后也是各种阴阳怪气，让谭明十分不爽。谭明开始是抱着忍一时风平浪静的态度，然而那位同事非但没有收敛，反而继续拆台，最终谭明按捺不住地向身边的同事说明了情况，很快整个公司都知道了，领导也批评了那位同事，谭明从此多了一个敌人。后来，谭明从其他人口中得知了真相：原来那位同事之所以痛恨谭明，是因为谭明曾经把人家被客户责骂的事情说了出去，导致其颜面扫地。谭明意识到是自己有错在先，但此时他和对方已经再没有修复关系的可能了。

谭明的问题在于，一是不该揭同事的短，二是在俩人发生矛盾后没有向对方询问原因，反而将矛盾激化。总之，谭明在开口前没有考虑到该不该说、说出去有什么后果，只顾着一时嘴快，却让自己的职场关系变得紧张。

职场牵涉了无数人的利益，一言不慎就可能造成无法弥补的后果，哪怕是很平常的对话也可能让你遭到同事的嫉恨，所以我们要特别注意措辞方式。

第一，有求于同事时——"你现在忙不？"

工作中遇到困难需要别人帮助，这是再常见不过的事了，但问题在于如何开口。如果是直白地问对方"你现在忙不？"你认为同事该怎么回答？如果说自己不忙，好像暗示自己工作不饱和、是单位里的闲人，可如果说自己很忙，似乎又是在直接拒绝别人的求助。所以，最合理的询问方式是："我这边遇到点问题，你不忙的时候帮我看一下好吗?"这样的表达就自然很多，不会让对方难以回答。

第二，同事求助自己时——"行，我帮你。"

当同事向你求助时，按理说我们应该伸出援手，但如果对方求助的是一个比较棘手的问题，比如得罪了客户问你该怎么办，这时候你的帮忙就成了关键：解决问题，功劳也是人家的；激化问题，责任就有你一份了。所以，千万不要直接爽快地说："行，我帮你。"而是应该谨慎地说："我先看看吧。"既表达了自己主观上帮助对方的态度，又在客观上为自己爱莫能助留下了活口，避免给自己招惹麻烦。

第三，工作取得业绩时——"这回我出力不少。"

工作中取得了成绩，的确是一件值得炫耀的事情，但炫耀的对象只能是家人或者朋友，而非同事。毕竟，任何项目都不可能全程只靠一个人完成，当你炫耀自己的成绩时，就等于无视了其他人的付出，很容易招致反感，在别人眼里你就是在抢功。或许，你认为自己能力的确出众，别人不过是在配合你，可炫耀业绩这种事只会让我们树大招风，千万不要触及。

第四，工作出现问题时——"我弄错了。"

工作出现失误是在所难免的，有时候我们需要正视现实，因为可能要求助于他人帮我们解决麻烦，但要注意的是，不要直接表达出"你犯错了"的意思，这会成为你职场上的黑料，会被有心之人拿来攻击你，当然也不是让你不承认错误，而是采用更合理的表达方式："这个事需要高人解决了，我还真没有这方面的经验。"这样的表达既没有否认自己犯错，但也表达出一个客观事实：经验确实不足，出问题也在所难免。总之，不要在犯错之后马上说出来了，这会降低你在同事眼中的价值。

第五，职位出现变动时——"我升了。"

升职加薪当然是一件值得高兴的事，但这和炫耀成绩一样，不适合在同事面前去讲，因为职务变动本来就是职场上的敏感话题之一，哪怕你晋升为团队的一把手，也不要过早地流露出来，毕竟总会有人比你高一等，他们不会喜欢一个缺乏城府的人。同理，即使升职的那个人不是你，你也不要谈论这种事，因为万一出现了临时变动，对方没有升职，你之前说过的话就成了谣言，一个传播谎言的员工会被领导看重、被同事尊重吗？

第六，和同事发生冲突时——"你真是够笨的！"

职场上最怕的就是带着情绪沟通了，因为这时你说出的话、作出的决定往往都是错误的，哪怕面对的是和自己平级的同事，一句愤怒之词也可能为你带来一个永久的敌人，更重要的是，你的情绪失控会让其他同事主动远离你，会让领导认为是缺乏自控力，带来的负面影响难以估算。所以，即便在工作中真的遇到了猪队友，也不要正面指责对方，而是心平气和地与之探讨工作方法，从"我是来帮你"的角度表达，而不是从"我是来教训你"的立场去沟通。

职场上的竞争不仅是能力的交锋，更是话术的对弈，你要为自己说出的每一句话负责，同样，你应该换位思考，分析同事说话时的真实意图，这样才能揣测对方的想法，为自己划定出一个亲疏远近的关系圈，这并非鼓励搞帮派主义，而是为我们提前避险，远离是非，不要成为职场斗争的牺牲品。

辩论和讨论为何有一字之差

日常工作中，和同事交流免不了会有意见分歧的时候，这原本是正常现象，只不过有人好胜心太强，又不懂得巧妙地表达，活生生地把讨论搞成了辩论——绞尽脑汁要证明对方是错误的。结果自不用说，同事大概率不会被你说服，反而憋了一肚子气，而你除了留下"暴脾气""低情商"等负面称号之外，并没有获得任何成长，反而恶化了职场的社交生态。当然，有人对此满不在乎，认为自己是对事不对人，纯粹是为了工作，生气就是对方心眼太小，然而事实真的如此吗？

职场上，很多人以为自己是在为真理而辩护，其实不过是为了自己的面子、观点和利益去争辩，争吵到上头就不管不顾，看似是在攻击别人，最终还是搬起石头砸自己的脚。既然我们在工作中难免要和同事发生争论，就要掌握恰当的表达技巧，既给对方表达观点的机会，也要以理服人。

第一，端正态度——采用商量的口吻。

同事是平级的关系，哪怕你资历比对方老、能力比对方强，在沟通中也要尽量使用商量的口气，不要采用命令式的、绝对的口吻，比如："我的方法肯定没问题。"言外之意就是错的是对方，这样的表达方式不仅会造成人际关系的紧张，还会让对方抵触你表达的内容。所以，我们最好用商量的口吻说："我明白你的意思了，下面你再来听听我的想法，或许你会发现一些新的东西。"商量是尊重对方的表现，只要尊重别人，即便对方不愿意改变原有的观点，也会一定程度上接纳你的意见。

第二，相互平衡——先肯定，后否定。

让对方理解你的话，前提是要承认对方的观点，这样才容易让对方接受。比如你和同事讨论关于如何做好维护客户的工作时，对方提出要在一个星期内连续进行回访，你觉得不妥可以这样说："你的意见有一定的道理，这个对增进与客户的感情很有必要，所以我们先抓几个重点客户试试，这样更稳妥一些，对吧?"这样的表达就是肯定对方的大方向没错，只是不要浪费精力在低价值客户身上，部分接纳了对方的观点，不会让对方难堪，有助于下一步的讨论。

第三，转移矛盾——"我是为大局着想"。

职场上的沟通，最终目的还是为了维护公司的利益，所以无论双方的观点有多大分歧，都尽量要以大局利益为重，从中选取双方都能接受的"意见结合点"。毕竟，同事之间的和谐关系要建立在利益共同体的基础上，因此我们要竭尽全力维护团队形象，少拆台多补台。打个比方，当你和同事争论活动经费的分配问题时，如果对方和你观点相左，你可以这样表达："你看，咱们现在经费有些紧张，我们是不是可以根据实际情况做出调整呢？这关系到咱们公司下一年度的框架协议签订，希望你能理解。"这样一来，对方就会意识到你维护的是公司下年度的大计划，而非只顾自己手头的业务，从而把你和对方的矛盾转化为对方和公司的矛盾，这就让对方难以找到更合适的借口来反对你。

第四，平衡冲突——求同存异。

一般来说，同事之间由于各自的岗位和立场不同，看问题的角度肯定也不同，所以有时候并不存在孰是孰非的问题，既然如此，我们就不能为了迫使对方接受自己的观点而强行争论，不如暂时搁置争议，先谈大家都比较认可的部分，这样也能提高沟通的效率："关于劳务派遣的问题咱们可能有分歧，找时间再聊，我们先讨论一下公司行政改革后的工作分配问题，这一块咱们之前碰过，咱俩意见基本一致。"先回避矛盾，强调你们的共同认识，等到双方的情绪更稳定时，再去谈存在争议的内容。

第五，情感路线——"有话好说"。

同事之间不会一直是对立状态，总有相互合作、互相帮助的机会，一般来说都有感情基础，所以在遇到不同意见时，不妨绕开理性沟通的角度，而是尝试打一下感情牌，这样就能弱化沟通中的对立情绪："你看咱们共事好几年了，跟朋友没什么两样，你有你的意见，我有我的想法，今天就好好讨论一下，有话好说，我相信最后都能解决，是吧？"这样的表达能够制造一种相对融洽、和谐的沟通氛围，给对方一种宽慰感，为接下来的意见整合就打下了基础。

第六，权威背书——"xx也是这样做的"。

有时候，我们为了证明自己的观点是正确的，不必直接和对方去论证，而是援引具有说服力的案例，迫使对方重新思考，弱化你们当前的观点冲突："项目A组的大拿你也知道，他们上次遇到这种事就是这样处理的，效果很好，我也是跟他们学的，好方法总应该借鉴一下是吧？"这样对方就不好直接反驳你，因为等于在反对权威。

俗话说："冤家宜解不宜结"。职场上的观点冲突，大部分都是从工作为出发点，极少数和私人恩怨有关，所以我们还是要抱着平和之心，先控制住自己的情绪，再去认真分析对方的观点，这样既不会恶化沟通氛围，说不定还能发现己方观点中的漏洞，这样才是真正为团队、为公司考虑，毕竟集体的利益保住了，我们个人的红利才不会流失。

让人信得过，话才讲得过

职场上，也许并非每个人都想成为管理者，但绝大多数人都希望自己能得到同事的信任，拥有相对良好的社交生态，这样才有展示自我价值的机会。那么，同事之间怎样才能建立稳定的信任关系呢？这和人的修养、道德、能力等因素有关，当然还有一个重要因素不可或缺：那就是如何在沟通中建立信任感。

唐朝有个人叫程皓，性格周密谨慎，从来不在背后议论别人的短处。相反，每当同辈人中有人议论他人时，程皓不仅不参与，反而会在大家议论完之后替被议论者正名："这都是众人谬传，其实不然。"紧接着，程皓还列举出被议论者的很多长处。有一次，程皓参加一场宴席，结果一个人喝醉之后对其破口大骂，谁知程皓却一言不发地起身离开，别人问他为什么不骂回去，程皓说："那个人喝醉了，说的话哪能当真呢？"渐渐地，程皓的名声被越来越多的人得知，大家都盛赞他品德高尚，最后官至刑部郎中。

程皓为何能得到大家的信任？因为他懂得什么话该说，什么

话不该说，和那些动辄就非议他人的年轻人相比，程皓十分清楚
"说者无心听者有意"的道理：为了逞一时口舌之快，却要付出名
声的代价，这样的人如何服众呢？职场上也是同理，想要获得同
僚的信任，就要先管好自己的嘴，讲究措辞表达的方式方法，才
能在群众中树立威信。

第一，不要搬弄是非。

职场上总有千百种人，有能力高的，有学历高的，有脾气好
的，他们各有所长，也存在短板，这些都是客观存在的，然而有
些人却习惯把大家比来比去，比如有些老员工会对新员工说："你
可比那个新来的强多了！"让刚刚踏入公司的新人就产生嫌隙，而
新员工在背地里也不会对你有任何良好的印象，反而把人际关系
搞得乌烟瘴气。当然，有些人本意并非要搬弄是非，但无意义的
比较在客观上就是在破坏团结，这样的人是很难得到同事和领导
的信任的。

第二，保持谦虚低调。

有的人的确能力强、资格老，深受领导器重，却因此恃宠而
骄，无论对新员工还是老员工都摆出一副"大牛"的样子，张口
闭口都是满满的优越感，还会把一些口头语挂在嘴上："是你来公
司早还是我来公司早？""你觉得领导会相信你还是相信我？"这

样咄咄逼人的口气,自然就阻断了别人和你正常沟通的欲望。所以,和同事沟通时避免提及自己的长处、背景、人际关系等,想要证明自己,就用实打实的指导来证明,对待新人要友善,只有当你习惯在言语中渗透亲近感时,才能和同事在交流中保持愉悦,促进信任感的生成。

第三,戒掉浮夸浮躁之气。

有的人口才不错,能力一般,所以和同事沟通时总喜欢长篇大论却内容空洞,说了半天也不知所云,很容易给同事留下不说实话、作风浮夸的负面印象,这样的人又如何能被大家所信任呢?在日常沟通中,应该懂得直击要害,少说废话,不然就会形成一种负面的交流氛围,让大家无法揣摩到你的真实意图,信任感也就无从建立。比如,和同事谈任务分配时可以说:"你希望自己在咱们项目组里做什么工作?"让对方迅速代入到现实,形成务实的沟通习惯,才可能有更深入的交流,才有机会得到大家的认可。

第四,敢于自我批评。

人在职场,难免犯错,如果你的错误被大家看到且确实造成了某些负面影响,那你就要坦诚地向大家承认错误,不要试图装作无知来蒙混过关,因为你的这种行为会被认为是不负责任、不敢担当大任的表现，无法得到大家的信任，那么你以后做出任何承诺时就没人愿意相信。

第五，学会与人共情。

有些人品德没问题，脾气也算温和，但缺少共情能力，他们能看到同事为了某个项目加班加点最终没有让客户完全满意，却看不到同事因此被挫伤的工作积极性和错过的休息日，这就很容易在沟通中造成误解，只谈结果不看过程，最终把责任都推向对方，时间一长，即便大家对你的能力认可，却在情感上无法接受与你共事。所以，我们要学会换位思考，在沟通中多加入几分诚意和一丝暖意："我知道你为这个项目付出了不少，连你父亲的生日都错过了，都是有父母的人，特别能理解，现在客户催得急，咱们再加把劲干完。"这样的表达会让对方明白自己的付出是被人看在眼里，也得到了团队的同情和鼓励，自然就有动力把工作做好，而对你的信任感也会增强。

每个人都想在职场拥有一个光明的未来，但任何工作都需要同事配合，而如果想让同事信任你，不仅要有一定的专业能力，更要在日常沟通中展示出你的人格魅力，让大家信服你的为人，如果坚持这样做，你的身边就会慢慢聚集起一批"死忠粉"，他们或许不会成为你的手下，但很可能会成为你最可靠的帮手，送你走上事业的巅峰。

表达要切换到对方容易理解的频率上

　　同事是一个战壕里的战友，也是一个利益场中的参与者，既有合作的一面也有竞争的一面，但总的来说，合作的时候更多，因为任何一个项目都无法依靠某个人的能力单独完成，这就需要我们不仅要和同事搞好关系，还需要和他们保持相同的"频率"，建立流畅、默契、和谐的沟通渠道，这样的合作关系才能长远。

　　"频率"是一个科学风的比喻，抽象地解释，指的是处于相同的认知维度才有利于信息的交互和接纳，直白地解释就是彼此有默契，能够心领神会。

　　心理学上有一个概念叫做"图式"，指的是人脑中已有的知识经验的网络，也指人类加工信息的模式。通常，图式越接近的人越容易沟通在一个点上。打个比方，你和同事说："星期天咱们去垂钓园钓鱼吧？"同事回答："听说那有不少老板光顾，你是想钓这样的大鱼吧?"你会心一笑,这就说明同事和你对"鱼"的理解一直都是"大客户",这就是在一个点上的愉快交流。

或许有人认为,这种默契是可遇不可求,况且也不是单方面想训练就能练成的。事实上,经常进行交流、分工协作的人,图式会比较接近,准确地说对彼此的图式都比较了解,会在表达时切换到对方容易理解的频率上。当然,前提是你平时和同事彼此配合、不互相拆台,否则就很难达成共识。既然理论上具备这种先天优势,那我们就应该在此基础上强化和同事的频率,确保交流的顺畅和目标的最终达成,这需要我们从三个方面入手。

第一,了解对方的表达模式。

当我们说和某人"没有共同语言"时,一方面指的是三观不合,另一方面指的是语言库不同。比如,年轻人喜欢引用网络上的流行梗和别人开玩笑,但如果对方年纪较大,完全Get不到你说的点,就会听得一头雾水,几次下来就失去了沟通的兴趣,这注定不会在同一个频率上。所以,要想和同事保持长久的合作关系,就要先了解对方的表达习惯,可以通过日常闲聊去发现对方喜欢文艺式的表达还是江湖式的表达,是喜欢引经据典还是从身边举例,是喜欢大声说话还是轻声细语……总之,要从多角度入手,最终"组建"一套针对性的语言库,让对方在和你沟通时轻松不累，这就有了长期合作的基础。

第二，了解对方的工作风格。

每个人都有不同的工作风格，这和性格、学历、经验等因素相关，它决定了一个人是如何具体开展某项工作的，如果你的工作风格与之差异过大，那就无法形成紧密的配合，只能不断发生分歧。所以，为了了解同事的工作风格，我们可以通过多观察、多协助的方法去掌握。多观察，就是留意同事进入项目后的操作流程，分析其优势在哪里、工作重心在哪里，这样你与对方配合时就能得心应手。多协助，就是在有余力的前提下协助同事工作，一方面能进一步了解对方的工作步骤，另一方面还能把我们的工作方法展示给对方，毕竟我们不能为了默契而完全迁就对方，要试着让同事和我们有相近的工作风格，以便整合。

第三，了解对方的承受底线。

底线是综合性的描述，它包含着情绪承受底线、体能承受底线、创意承受底线等等，简单说就是一个人被领导和客户责骂多久会爆发、加班多长时间会效率严重下降以及在工作中的创新程度等。只有了解对方的底线，才能为我们划分出一个安全区域，在确保不惹怒对方之前把工作顺利完成。

　　阿宽和阿平在同一家公司任职，月初，阿平因为没有被选入项目组而失落，作为经常合作的伙伴，阿宽了解这次打击对阿平影响不小，在下班后就主动找对方喝酒。席间，阿宽对阿平说："我知道你的能力很强，这次没有入选可能是有更重要的任务分配给你，因为这个项目据说挺折磨人的，你刚有了小孩，不参加也能多照顾一下家庭。"一番话说得阿平十分感动，尤其是那句"我知道你的能力很强"，表达了阿宽对阿平的能力认同。一个月后，阿平接到了一个大项目，主动推荐阿宽加入，因为他知道阿宽特别理解自己，俩人默契配合，最后交上了满意的答卷。

　　尽管我们提倡和同事在相同的频率下沟通，但毕竟每个人都是独一无二的，我们有时候并不能很好地与对方保持相同的节奏，难免会产生分歧，遇到这种情况也不必着急去适应对方，而是找机会开诚布公地谈一谈，肯定对方的优势，也要大胆说出自己的想法，而只有经历这个磨合的过程，才能真正处在一个点上，彼此之间形成良性的互动，在共同学习中进步，让我们在职场上走得更远。

嘴上的亏，该吃就要吃几口

人人都怕吃亏，人人都不想当冤种，虽然"吃亏是福"也被一些人推崇，但在职场上，我们还要尽可能地维护自己的利益，即便非要吃亏，也最好吃那种不会给我们带来实质性伤害的亏，那就是嘴上的亏。

嘴上的亏，其实就是别人批评了你，你一笑而过，不去反驳，或者别人抬高了自己，你则默不作声，不去攀比。说到底，就是在考验我们的忍耐能力。

古语有云："百炼成钢，百忍成金。"能够在职场上混得风生水起的人，都有一定的忍耐能力，当然他们的忍耐不是怯懦，更不是缺乏骨气，而是一种韧性，还是一种知进退的表达技巧。在真正走向巅峰之前，我们必须要处处小心，用嘴上的亏来保护我们脚下的路，等待出人头地的那一天。

第一，面对不公笑着接受。

职场是一个小江湖，有人得意，就会有人失意，特别是作为新人时，生存环境是不那么尽如人意的，你很可能会遭到不公正的待遇，被人不客观地点评，而这些可能来自你的上司、客户和同事，遇到这种情况，如果血气方刚地逞一时口舌之快，那可能要付出很大的代价，甚至葬送你的职场前途。所以，在你羽翼尚未丰满之前，在你未能得到多数人认可的时候，与其正面回击，不如笑着接受。这不是软弱，而是在忍耐中积蓄力量，等待爆发的那一刻。

媛媛进入一家咨询公司不到半年，因为工作强度大，每天都承受着不小的压力。一天，媛媛因为要临时向领导汇报情况，导致她回复客户慢了一分钟，客户一怒之下质问同部门的其他人，结果同事被没来由地指责一番。等到媛媛回到工位上时，受气的同事劈头盖脸地数落起她来："你看看，就是因为你工作拖拉，客户把气撒在我头上了，这我能忍，毕竟我要顾全大局，不像你，总是活在自己的节奏里，你什么时候能对客户用点心呢？"媛媛知道同事为自己受气，但对方的指责却完全否定了她平时的工作表现，然而此时此刻她无法还击，只好笑着说："都是我的不好，我马上跟客户解释一下。"经过媛媛的耐心解释，客户的气总算消了，同事情绪平复之后，也意识到自己说得有些过火，也主动向媛媛道了歉。

第二，面对权威放低姿态。

没有谁喜欢被人指挥，特别是初入职场的年轻人，然而职场是一个讲究实力、经验和资质的地方，在你没有具备足够专业的技能之前，有时候就要学会忍气吞声，对那些有经验、有能力的老员工学会让步，等到你"偷学"了一些技能之后，才有和别人平等对话的资本，这时候就没人敢轻视你了。

河边有三个老人在钓鱼，每隔几分钟就能钓上一条鱼，把旁边的一位年轻人看得愣住了，忽然，其中一位老人站起身，蜻蜓点水地踩着水面跳到了对岸，接着另外两个老人也如法炮制，好像练就了水上漂一类的功夫。年轻人不服气，也跟着跳进了水里，结果一下子跌到了河里，成了落汤鸡。三个老人看着年轻人哈哈大笑，说他简直是个傻瓜。年轻人倒也不恼，脱下湿漉漉的衣服放在一边，毕恭毕敬地来到三位老人面前请教，老人们看年轻人态度谦和，就告诉他："我们三个在这河边钓了一辈子的鱼，河里哪些地方有暗礁我们都知道，所以不会踩空。"说完，老人们就指给年轻人看，年轻人也"练就"了水上漂的功夫。

第三，面对小人和颜悦色。

常言道：宁得罪君子，不得罪小人。职场中总有可能遇到心术不正之人，这时候不要和他们发生正面冲突，要为了长远利益适当地妥协，因为小人真的和你杠上了，就会处处给你使坏，影响你的职业前景。避免和小人纠缠，并非认怂，而是从更大的格局、更高的视角去看待利益纷争，确保自己把更多的精力用在工作上。

职场上，我们为了避开小人，有时候也难免损害一点小利益，但只要不是触及根本利益的就可以不必计较，关键在于别让对方记恨于你。

那些被认为有亲和力的人，其实都有一定的忍让胸怀，他们不会处处要强，不会和权威正面对抗，更不会和小人纠缠，他们只会把宝贵的时间用在提升自我、改善人际关系上，久而久之，他们就很少遭遇人际冲突，在公司里有口皆碑，这就是忍让带来的良好生态。

职场上，很多人都担心便宜了别人、委屈了自己，所以才处处精打细算，然而实际结果是吃亏的往往是自己，这并不是因为你不够精明，而是太过精明被反噬了，因为你不懂得忍让，自然会遭到别人的反感，从而让自己的路越走越窄。从某种角度看，吃亏和忍让也是一种投资，是职场生存策略的组成部分，也是我们拓展职业前景的必经之路。一个懂得适时退让的人，才会有更多的同事愿意与你合作，最终成为你事业上的帮手而非绊脚石。

心灵共鸣帮你高效完成KPI

同事之间的关系是微妙的，它可以被看成是合作共赢的关系，也可以被看成是对标竞争的关系。对上班族来说，每天和同事相处的时间往往超过家人，但同事又不能真的当成家人，因为存在着情感和利益的交织。自然，和同事关系如何，某种程度上决定了一个人的职业发展前景。不夸张地讲，谁能和同事产生心灵上的共鸣，能够打好感情牌，谁才能真的和同事打成一片，在职场上占据优势地位。

冉冉在一家公司做后勤，虽然工作内容没什么技术含量，却十分琐碎，每天都是从早忙到晚，所以她常说的话就是"怎么又有事儿了！"一次，同事向她要清洁工具，冉冉马上皱起眉头说："你们部门不是刚发了一套了吗？怎么又来找我要？"说完就丢给同事一套，还气呼呼地说："以后自己保管好！我每天这么忙哪有时间管这些烂事儿！"同事憋了一肚子气离开了。后来，公司要统计打印机耗材的剩余情况，冉冉让每个部门都自己核查一下，结果没人愿意配合她，她只能一个屋子一个屋子自己去清点，结果总是对不上数，冉冉又生气又委屈："怎么就没人支持我工作啊？一个个都太冷漠了！"

冉冉在日常工作中不懂得控制情绪，对待同事就像对待陌生的路人，只有负面情绪的发泄，没有正面情绪的理解，作为"回报"，同事们也逐渐不理解她，导致在她需要大家配合的时候被严重孤立，这样的人际关系，如何能做好工作呢？

与同事友好相处，并不是让你对每个人都卑躬屈膝，而是要尽量以平和的态度沟通，以善解人意的角度去理解他人，少用命令式的口气，不强迫他人，不盲目推卸责任。作为职场中人，都懂得你敬我一尺、我敬你一丈的道理，你愿意共情他人，他人才能愿意共情你。那么，如何才能通过表达来完成和同事的心灵共鸣呢？

第一，在闲谈中找到共同点。

共情，首先要能找到共同点，同事有亲人去世了，你也曾经有亲人离世，这时去安慰对方就更容易找到切入点，也就能理解对方因心情不好导致的工作效率下降。当然，这只是极端情况，日常工作中的小事也可以共情，比如对方遭遇了蛮不讲理的客户，你也有过类似的经历，就可以讲自己是怎么劝说自己冷静下来的，一来二去，你和对方就有了共同话题，心理距离就被拉近了。所以，我们在日常沟通中要随时留意同事都在关注什么，找到彼此的共同点。

当你是新人时，可以通过主动攀谈了解对方在工作之余都关注什么，比如："王哥，你刚才说昨晚看球休息不好，你是喜欢意甲还是英超啊？"这样就可能打开对话的话匣子，闲暇时可以约上一起去看比赛，感情就加深了，而如果你因为熬夜看球影响了工作状态，对方就不会苛责你精力不足，甚至可能帮你分担一些工作，因为你们有着共同点。

如果你是老员工，了解每个同事的喜好，那就可以有意制造对方喜欢的话题来增进感情："刘姐，听说你很会买衣服，有空咱俩上街你帮我参谋一下呗？"这样就有了和对方私下交往的理由，就能建立工作之外的感情，某天你因为办公室政治被排挤时，纵使对方是个明哲保身的人，至少看在平时的面子上也不会对你落井下石。

当然，日常的闲谈是要在工作不忙的情况下进行的，如果为了建立感情而耽误工作就是本末倒置了。

第二，关注同事的内心状态。

想让同事喜欢你，并不是只靠说几句好话就能做到，有时候我们要培养自己的洞察力，当同事遇到难处、怀揣心事的时候主动关心一下甚至当他们的"及时雨"，这样就能大大改善职场人际关系，让别人发现你是一个共情能力强且内心温暖的人。

阿翔是公司里的老员工，最近他发现新来的小城似乎情绪不佳，阿翔知道小城跟大家都不熟，自然不会主动说出来，于是就找机会单独问他怎么了。由于阿翔态度诚恳，语气温和，小城犹豫半天终于说了实话："翔哥，你可能不知道，我是从农村出来的，学历不高，也没什么经验，咱们公司又是藏龙卧虎的，所以我总觉得低人一头，心理压力越来越大。"阿翔一听，拍了拍小城的肩膀："这算什么啊！我虽然是城市长大的，但是家境不好，学历也不高，进公司以后没想那么多，就是拼命地工作，虚心地向别人请教，几年的工夫就成长了，现在不也没人看不起我吗？你呀，别太在意别人的看法，做好本职工作，迟早会得到大家的认可的。"阿翔的一番话鼓励了小城，让他把阿翔当成了知心大哥，俩人关系逐渐走近。后来小城的潜力逐渐被开发，破格提拔为项目负责人，马上就把阿翔找过去当帮手，干出了不少业绩。

都说患难见真情，人在最需要关心的时候被人关心，是莫大的幸福，往往能够铭记一生，这样的同事关系就会加深一层，演变为朋友关系，成为工作和生活上的重要伙伴。

第三，配合同事的情绪状态。

生活中什么样的人最有人缘呢？除了善解人意之外，就是愿意为他人喝彩的人。比如，有人买彩票中奖，马上有人激动地祝福，有人订婚了，马上有人深情拥抱地祝福……这种为他人喝彩的行为，同样是在给对方提供"情绪价值"。或许有人认为，这和关心、安慰别人不在一个档次，但事实恰好相反：看你过得比自己好却依然能送去祝福，这比看你过得不好去安慰你更难得。所以，当同事升职加薪、被领导夸奖、被客户称赞时，愿意真心送去祝福："祝贺你啊，我真是太为你高兴了！"这样你也机会被对方记在心里，因为你们一起分享了快乐。当然在表达尺度上点到为止，不要变成刻意逢迎的感觉。

心灵共鸣，是一个有关人性的话题，听起来有些高深，但其实操作起来并不难，只要你多留心观察身边的人和事，不吝啬自己的感情，不刻意装清高和特立独行，总能在一两件事上和同事找到共情点。在精神世界中，我们可以成为一个孤勇者独自前行，但在现实世界中，我们还是要搞好和身边人的关系，凝聚一切可以凝聚的力量，让我们拿到属于自己的成功红利。

CHAPTER

07

第七章

上级赏识，绝境变坦途

别躲着领导，升职加薪从拉家常开始

职场上有一种人，患有严重的"领导恐惧症"，只要见到顶头上司或者大领导就会紧张得不行，如果要是和领导单独相处，那更是会产生生理上的不适。基于这一弱点，不少人是能躲着领导就远远躲着，非工作必须就不主动接触领导。显然，这种处事风格对职场发展是非常不利的，如果是小公司还好，领导对手下那几个人都比较了解，可如果是大公司，一个项目七八个人参与，谁发挥了主要作用、谁作出了贡献，很多时候领导并不完全清楚，如果再没有了私下沟通、了解的机会，那你在领导心中的存在感则近乎透明，等到升职加薪的时候自然没你的份了。

小谭今年27岁，毕业后进入一家建筑工程公司担任设计师，顶头上司比小谭大十多岁，之前是个经验丰富的技术人才。从专业的角度，小谭十分钦佩领导的能力，也想从领导身上学习一些"干货"，然而每次公司组织团建活动时，面对领导小谭又不知道该如何开口，看着别人和领导有说有笑，小谭就显得有些格格不入。事实上，领导对小谭是给予了厚望，也希望能多了解一下这个年轻人对工作的想法，所以总是有意无意地和对方聊家常，然而每次聊天小谭就不知道该说什么，最后只能把话题转到工作上，领导觉得小谭是不好接近的人，所以也一直不敢提拔他。

在我们身边有无数个小谭，甚至我们自己就可能是小谭，归根结底，我们不是不知道和领导沟通感情的重要性，但在心理上是存在紧张情绪的，因为我们总是有意无意提醒自己"跟你说话的可是领导啊！"，从理性上是让我们谨言慎行，但从感性上直接增加了恐惧感，说多了怕言多有失，结果越担心就越张不开嘴。其实，领导对下属都有了解的意愿，我们不主动沟通，在领导心中就变成了未知数，即使领导能看到你在工作上的成绩，但这些都是间接获得的信息，而领导需要的是和你沟通的第一手资料，这样才能帮助他们更直观地判断你是否可以被委以重任。既然如此，我们就不要躲着领导，而是要大胆地和领导从闲聊开始，拉近距离、增进了解。

第一，和领导聊爱好。

人人都有自己喜欢的东西，这是人之本性，只要你了解了领

导的喜好并涉及这一话题，就能大幅度地拉近距离。比如你偶然
听到领导唱了李宗盛的歌，就可以对领导说："领导，原来您喜欢
听李宗盛的歌啊，都说他的歌是'年少不懂曲中意，听懂已是曲
中人'啊。"通常领导的年纪都大于下属，本身会存在代沟，但
你从对方的爱好入手还谈到了人生，自然会引起领导的沟通兴趣，
聊着聊着就提升了感情。需要注意的是，不要刻意去打探领导的
爱好，有的人会因此弄巧成拙，为什么这么说？因为聊领导的爱
好，就是要给领导发挥的空间，如果你知道的比领导还多，领导
就不愿意和你深入探讨，会担心聊出漏洞来，反而是你处于半懂
不懂的状态，领导的聊天兴趣会最高。

第二，和领导聊家人。

人与人之间，最容易产生亲近感的就是聊家人了，但一定要
注意，要顺其自然地切入家人的话题，否则会让领导觉得你在试
图打探人家的隐私。比如，领导和别人讲起自己的孩子刚拿到了
全市少年儿童的美术作品一等奖，这时候你可以过去说："领导，
您的孩子真是优秀啊，听说这个奖项含金量挺高的，有空您跟我
传授一下怎么教育孩子的呗？我是个新手爸爸，管孩子实在管不
明白。"这样既夸奖了领导的家人，又称赞了领导教子有方，领导

只要有空有心情都会和你聊上一会儿，这样你们就有了共同话题，其间你再表现出教育子女方面的认真态度，就会让领导认为你是一个做事认真的人。

第三，和领导聊新闻。

爱好和家人是最易触动感情的，但如果没法展开这两大话题，那也可以聊点热点新闻，但要注意筛选新闻的类型，比如领导平时关注国际政治，那就聊点政治新闻，注意不要喧宾夺主，只顾讲你的高谈阔论，把领导当成听众，这很容易被领导看穿你身上的问题，可以用"先聊再请教"的方式："领导，你看最近欧洲油价上涨，挺多地方都游行示威了。"下面，领导就会讲一些自己掌握的信息，然后你可以问领导："您对国际政治挺有见解的，您看未来欧盟和美国的关系会是什么走向呢？"通过打开领导话匣子的方式，满足对方的表达欲，而你只需要插入一点自己的看法并表示对领导观点的赞同，表面上你们在聊新闻，实际上则完成了一次"意见交流"的模拟会，会增加你们之间的沟通默契，那么下次领导找人分配任务时，会更愿意和你沟通。

有一点切记，和领导的闲聊千万不要涉及公司的八卦。有些人为了和领导套近乎，不惜以出卖同事的八卦新闻为代价，且不说这些八卦是否为真，即便是真的，也会让领导觉得你很不靠谱，没有把精力用在工作上，整天都和同事闲聊了，是一个容易搬弄是非的人。

很多人之所以害怕和领导闲聊，是因为主观地觉得只能和领导聊工作，其实这时一种狭隘的理解，领导和员工沟通感情，也会从聊家常开始，这其实是双方的共同诉求，而如果你每次见到领导都只谈工作，等于在无形中竖起了一道屏障，断绝了彼此加深了解的机会。因此，我们要调整心态，重新认识"聊家常"对职场发展的重要性，等待我们的可能是升职加薪的坦途。

学会为上级分忧

混迹职场的人，都想为自己谋求一个好出路，除了要努力工作之外，那就是要和领导搞好关系。那么，怎么样才算是和领导有"好关系"呢？其实，这并不是让大家都极尽溜须拍马之能，而是至少要做到一点：领导在人事研究会上能够想起你的名字。能被想起，就说明有一定印象且在领导的考虑范围之内，那么剩下的就是考量你工作业绩了。

我们并不推荐通过各种歪门邪道去钻营职场，因为那基本上脱离了"表达技巧"的范畴，我们倡导的是在你努力工作的同时在表达上下一点功夫，不要让业绩被别人抢走，不要让付出被领导看不到。从领导的角度看，他们不仅要考察一个下属的综合素质，更要在内心衡量与自己的距离，这样他们才有安全感，因为任何人都倾向于用自己了解、站在自己这边的人，这样发布的命令、制定的工作计划才能被落实和执行。

　　想要成为被领导"记得住""信得过"的人，除了保持日常的沟通之外，还要表现出你愿意为领导分忧的态度和行为，这不能粗暴地理解为利益交换，其实更像是一种人情往来：你为我分忧，我给你机会。

　　一个人的平步青云，不仅和他自身的能力有关，更离不开他为领导分忧的立场，这种把个人利益和企业利益绑定在一起的人才，自然会加倍得到重用。

　　当然，我们大多数人可能未必能在公司的生死存亡时刻贡献出金点子，但对领导来说，只要我们能表达出为领导分忧的态度就足够了，因为很多时候忠诚比能力更能打动人。

　　第一，适当给领导当"补丁包"。

　　分忧可是大事小情，关键在于要让领导明白你的苦心。有时候，领导需要处理的工作比较多，要表达的信息很庞杂，很容易出现没有说明或者不便说明的情况，这时候就要有人站出来对领导的话进行适当的补充，充当"补丁包"，当然，前提是要揣摩准确领导的意图。

　　电视剧《琅琊榜》中，誉王为了扳倒太子，听说太子名下有个私炮房以后，没有直接上报消息，反而是听从谋士的建议后将其直接炸毁，导致一整条街道都被毁掉，大量百姓伤亡。这时，为人正直的靖王准备第一时间赶到现场并调动帐篷等军用物资给百姓，原本是要向兵部报备的，但靖王的谋士梅长苏却故意不让汇报，让其他人参靖王一本，而就是这个"被抓住把柄"恰恰引起了梁王的注意，梁王了解情况后才得知是谁在关心百姓默默救灾。

靖王积极救灾，大方向没错，就是在上报这个问题上没有考虑到个人的评价问题，但身为谋士的梅长苏在关键时刻提醒了他，这就是提醒上级，让上级的决策更加周密。

第二，适当给领导当"防弹衣"。

工作中，领导的某些决策难免会让下面感到不满意，可让领导作出让步难度很大，盲目压着下面的民意也不现实，所以这时候就要有人站出来，在领导和下属之间建立起一条缓冲带，而自己就起到防弹衣的作用，让领导免受下面的指责，又能给下属释放怨气的机会。打个比方，某员工多次迟到，按照公司规定要罚款，而该名员工却执意要找领导要求减免，你作为行政人员意识到这次沟通可能会很不愉快，这时候就要主动站出来，拉着员工解释说："这个事儿啊，你找领导其实没用，咱们公司是考勤机记录以后就改不了了，工资结算的时候就自动扣除了，领导也跟我说罚得有点多，但因为都要上报到总部那里，领导也无能为力。所以这个事你要怪就怪我吧，我当初也是太认真了。以后你再有特殊情况，领导肯定能帮你解决一下，这次就先别去了。"这样既把责任揽在自己身上，又暗示对方"领导欠你一个人情"，只要对方不是缺心眼都能压住火气。当然，安抚完员工之后，你要把这边的情况跟领导汇报一下，让领导再"欠你一个人情"。

第三，分清"分忧"和"隐忧"的区别。

有些人会简单地认为，分忧是不让领导忧愁，那么就干脆报喜不报忧，这看似是让领导宽心，把自己包装成一只人形喜鹊，然而隐瞒的问题可不会就此消失，它只会随着时间的推移和人们的漠视而越来越严重，最终影响到整个组织的存亡，等到真的面临这种情况，领导第一个要收拾的就是谎报军情的那个人。归根结底，我们为领导分忧是真正意义上的分忧，而不是欺上瞒下，这样就和表达无关，纯粹变成了玩弄阴谋诡计了，这是我们不提倡的。

通常来说，人际交往能力强的人在职场上也能混得风生水起，这不能简单理解为他们会说好话，而是应该看到他们对"人情往来"的理解和运用。很多人之所以混得不好，是因为总是把工作理解为"责任""职务""岗位"等，从来没有想过这些都可以折算成"人情"。人情，并非只有世俗气，它还代表着对他人的理解、救场甚至是牺牲，在职场上是可以变现的硬通货，而为领导分忧就是在积攒对领导的人情，只有做到这点，你才能在努力工作之外收获领导的好评，既无愧于良心，又不委屈才能。

快速执行，有错必认，背后称赞

和领导沟通感情、营造"忠诚"形象，这些是职场上必不可缺的"配菜"，而"主菜"就是在工作上的表现。站在领导的角度，下属的工作表现往往集中在三个方面：能不能马上执行命令、犯了错误态度如何以及对领导的看法如何，这可以被看成是和领导在工作中搞好关系的"三件套"：快速执行、有错必认、背后称赞。

先来看快速执行。

一位浙江大学的硕士研究生，毕业后进入一家公司，由于能力出众被重点培养，他不断为公司贡献技术，成绩斐然，同事们都认为他很快就会晋升。有一次，公司负责做项目报表的同事不在，领导就让这位研究生帮着做项目报表，然而研究生认为这并非自己的分内工作，就表示干完手头的工作就去做，最后在领导的催促下才勉强完成。这时研究生才反应过来：领导全程都是黑着脸，显然是把领导得罪了。结果不出所料，年底人事进行调整时，原本被看好的研究生没有晋升，因为领导对他的评价是"狂妄、轻浮、傲慢"。

从外人的角度看，这位研究生没有晋升冤不冤呢？确实有点冤，毕竟他在技术上为公司创造了业绩，这是不可否认的，是主流，但问题在于，由于他没有马上执行领导的命令，留下了极其糟糕的负面印象，这个印象直接遮挡了他所有的功绩，领导担心重用这种人会给自己乃至全公司带来麻烦，所以从领导的角度看也没有什么错。

同一个案例，换个角度你就会发现哪些错误是决不能犯的了。我们前面说过要让领导看到我们的忠诚，但忠诚不是用嘴说的，最直接的表现就是"领导让干什么二话不说"，这就很像是《水浒传》中宋江和李逵的关系，不管是上刀山还是下火海，宋江一声令下李逵总是毫不犹豫地执行，这样的下属才是真的忠诚，才能被当成心腹，因为这表现出你对领导的高度服从性和信任感。同时，快速执行也能展现出你的个人能力：能快速理解领导的意图，能熟练地马上展开工作，对结果的高度重视。有这样的下属，哪个领导不会留在身边委以重任呢？所以，不要介意领导交给你的任务大小、收益高低、难度强弱，哪怕中途遇到障碍停顿一下，也要表现出你势在必得的态度。一般来说，最标准的快速执行是这样表达的："好的，领导，我马上就做，争取最短时间完成，请领导放心。另外我还要确认一下，本次会议参会人数是多少？大概会开多长时间？是否需要打印相关资料？"这样痛快地接受任务加确认细节，会表现出你对领导的绝对服从和对工作的细致认真。

再来看有错必认。

工作中谁都在所难免的可能会犯错误。如果犯错以后不能及时向领导道歉，就会给领导留下没有担当、不负责任的负面印象。所以，我们要把握好在犯错以后想要注意的三个关键点。

第一，快速认错。

工作中，人难免会犯错，犯错以后必须第一时间认错道歉，因为一旦拖延可能给公司或者团队带来损失，也会让领导认为你是一个做事拖沓、不敢担责的人，直接宣判了你的职场生涯"死亡"，所以不要犹豫认错后会不会降低领导对你的评价，因为越早承认就越有弥补错误的可能，将损失降到最低才可能保住领导对你的信任。

第二，选对场合。

如果道歉的时机掌握得好，往往能够起到事半功倍的效果，比如要避开领导开会、会见客人以及心烦意乱的时间段，如果你不确定可以通过其他同事询问一下，最好是选择单独和领导相处的时间，这是为了让领导有火气可以当场发作，而憋着火气只能加重对你的"愤怒值"。

第三，当面道歉。

认错最重要的是态度，那么什么样的认错态度是最好的呢？当面道歉。俗话说："见面三分情。"有人总觉得当面认错不好意思，现在各种通讯软件又十分方便，所以就通过线上认错的方式企图草草了结，殊不知这样做会领导觉得你十分不真诚，并非真心道歉，所以必须当面承认错误，才能扭转领导对你的负面印象。

打个比方，由于你的失误，导致给客户提交的方案中少了一个重要内容，致使客户对公司的专业性提出了质疑，此时你面对领导时可以这样说："领导，由于我的疏忽，让客户感到不满，波及了公司的声誉，我非常后悔在工作中犯下了那样的错误，对您也是不够尊重，辜负了您的期望。请您宽宏大量，再给我一次改过自新的机会，我一定弥补错误，不让您的辛苦付出白费，成为像您一样优秀的人。"说这番话的时候态度、语气、表情等一定要体现出真诚，千万不可表现出敷衍，只要把话说透，不甩锅，领导总会给你修正错误的机会。

最后看背后称赞。

背后赞美他人是所有赞美中最让人高兴的，因为在很多人看来：当面说的坏话不算坏话，背后说的好话才是好话。作为领导来说更是如此，当面逢迎自己的人多到让人麻木，所以听到背后的称赞会十分受用。

古时候有一位性格古怪的县令，当他每次发布新政令时，都让手下大吹特吹。起初，县令对下属的逢迎十分享受，然而时间一长又觉得索然无味，毕竟这是下属被动吹捧他的。后来，一个头脑机灵的下属洞察出了县令的心事，在一条新政令发布之后，并没有马上拍县令的马屁，而是跟其他人说："凡是身居高位的人，一般都喜欢别人的奉承，只有我们老爷例外，他对别人的称赞完全不在意。"这番话很快传到了县令那里，县令对下属说："好啊，只有你知道我心里所想。"后来，这个下属得到了县令的提拔。

背后称赞领导本身不难，难在如何把话传出去。其实，大多数领导都有自己的"情报站"，帮助领导了解民意，因此当你和同事有机会喝酒聚会时，就可以故意邀请那些和领导走得很近的人，通过他们之口来传递赞美的言辞。

归根结底，"三件套"的本质是让领导看到你对工作的态度和对领导的态度，二者某种程度上是融为一体的，因为工作是领导安排的，它代表着领导的意志，你对工作认真、专注、持久，那就是对领导细心、忠诚和耐心，这些领导都会看在眼里，而你在做好这一切后也赢得了一波印象分。

忠言顺耳才能达到"进谏"目的

　　良药苦口利于病，忠言逆耳利于行。很多人都把这两句话当成至理名言，尤其是职场上那些性格耿直、不善表达的人，面对领导犯错时就会不加修饰地指出来而且毫不在意领导的情绪反应，在他们看来，只要自己的立场是对的，心是坦荡的，即便话说得难听了一点也没关系，因为自己是真的为领导好。那么，你是否想过领导的感受呢？

　　魏征是历史上著名的谏臣，铁骨铮铮，看起来十分有忠臣的典范，然而只要了解一下魏征谏言的过程，都不会觉得很舒服，因为魏征的谏言的出发点是好的，却很少给唐太宗留面子，如果没有通晓大义的长孙皇后从中说和，其结局很可能会不一样。所以，忠言逆耳是一个风险极高的操作，很多时候不在于你有没有牺牲自我的勇气，而是要取决于领导者的道德底线、情绪控制以及其他外界因素。

其实，忠言顺耳并没有多高的操作难度，只是敢于谏言的人多数性格耿直，不愿意甚至没想过用更巧妙的方式表达，而是直奔主题，不顾领导者的情绪，所以才会引起对方的反感，导致谏言失败。从这个角度看，我们为了要让领导采纳意见，就要学会不择手段，否则你的出发点再正确，不能达成预期那就是白费口舌。

第一，用幽默风趣的方式谏言。

幽默能制造出轻松、平和的沟通氛围，能够让交流的双方都放下戒备心理，在相对平稳的情绪状态中沟通，避免某一方情绪激动，往往能够达到良好的沟通效果。

第二，代入对方的视角谏言。

很多时候，领导坚持错误的决策是碍于面子，他们不想轻易推翻自己的决定，这时候如果正面指出对方错在哪里显然是行不通的，不如把自己代入到领导的身份中，暴露出自己的缺点，暗示"我也是这样"，就能给对方一个台阶。

一位评论家思维敏捷、嘴巴毒舌，对人对事都非常挑剔。一天，他去商场买裤子，一位导购负责接待，他指着货架上的裤子说："您喜欢哪一款可以试试。"由于评论家体型比较特殊，所以很多尺码的裤子都穿不了，但他又不想直接说出来，就违背事实地说："你们这儿的裤子质量都太差了，做工粗糙，根本没有考虑到穿上去怎么自由活动的问题。"一番话下来，引起不少顾客围观，眼看着就要损坏商场的名誉了。就在这时，导购凑近评论家小声地说："实在抱歉，我理解您说的都是气话，告诉您一个秘密，其实我的腰围和腿长也不成比例，一会儿没人的时候我帮您量一下，找几个特殊版型的裤子。"就是这样一句自曝隐私的话，代入到了评论家的视角，他立即放下了刚才盛气凌人的架势，最终在导购的推荐下买到了合适的裤子。

导购先是用敏锐的洞察力意识到了评论家存在特殊需求，但是如果正面回应对方："我们的裤子质量没问题"，那就一定会招致对方新一波的吐槽，毕竟对方掌握着话语权，是不能得罪的，所以导购采用了"自爆卡车"的方式把自己的秘密说了出去，这才成功说服了对方。所以，当我们面对领导的偏执时，也可以适当牺牲一下自己。

第三，给对方戴高帽来劝谏。

既然忠言逆耳会让对方反感，那我们就用人人都爱听的好话给忠言做包装，一样能够达到目的。当然，这个"帽子"的尺寸是有讲究的：太大会显得十分虚假，太小又发挥不了作用。所以，一定要根据领导者平时表现出的价值取向量身打造。

小孙的上司是一个刚愎自用的人，很多时候不听下属的意见就作出重要决定，但这位上司也是一个有抱负的人，从进入管理层之后就发誓：要把公司变成全省行业第一。一次，上司在销售淡季给大家制定了不切实际的营销计划，如果按照该计划执行，大家的业绩会非常难看，可又没人敢提出反对意见。这时，小孙找机会对上司说："领导，您给我们定的计划大家讨论了一下，觉得只有像您这样经验丰富的人才能提出来，按照这个标准执行，年底我们成为全省第一肯定没问题。"小孙说到这里故意停顿了一下，上司则沉浸在被称赞的喜悦中，这时小孙继续说："但是吧，您这个计划是要匹配高端营销人才才能完成的，我们这些人水平还不够，您看能不能找一些高手传帮带一下？"上司听到这里，终于明白了小孙的话外音，思考了一会儿说："我明白你的意思了，这个计划我再斟酌一下。"

小孙没有直接说领导的计划有问题，而是从领导的战略目标出发，称赞该计划是可以实现企业愿景的但是人才不匹配，其实就是变相在说计划和现实脱节，因为上司是理想有抱负的人，不能为了面子带着大家走上不归路，所以就接受了小孙的意见。

忠言顺耳是和领导打交道的必备技能，最核心的技巧就是精确地把握领导者的价值追求和心理状态，尤其是要特别了解对方的思想价值体系，这样才能以更高的价值目标去唤醒对方，再打打感情牌，就能触动对方的情绪，引发对方的思考。当你熟练掌握这些技能时，你就会发现说服领导并非难事。

在职场中，总有人抱怨自己遭受着不公正的待遇，导致怀才不遇，虽然这种现象的确存在，但更多的情况是当事人自己没有缺乏把握机会的能力，更不会聪明地和领导交流，常常是直言不讳地发表见解，无意中得罪了很多人。职场上，其实并不是排斥有个性的人，但是真的会排斥不会说话的人，如果你把"能言善辩"视作是一种负面评价，那你的职场之路必然会一波三折。

上司对你的误会千万别隔夜

生活中总有这样或那样的误会，在职场上也不少见，尤其是下属和领导之间，由于下属和领导没有共事的机会，领导对下属的了解往往仅限于"片段式的"的观察，即只能看到下属日常工作中的若干"截图"，如果下属运气不好，很可能每次被"截图"都是上厕所、喝水，这种非对称的信息很容易让领导产生误会。除此之外，下属和领导的沟通中，由于缺少话语权，被误会了又没有解释的机会，就会进一步加深领导的偏见。

领导误会自己，这当然是很危险的事情，你损失的可能是原本光明的未来，但在如何消解误会的问题上，很多人往往就走向了两个极端：一种是选择了逃避的方式，觉得自己本来就人微言轻，说了也没啥用，因此就选择了冷处理，结果误会越来越深；另一种是马上和领导据理力争，让领导下不来台，结果误会变成了仇恨，彻底葬送了职场前程。

显然，两个极端都会带来严重的后果，所以我们要折中而行：既不能冷处理，又不能热处理，在时间上要争取先机，在态度上要争取主动，才能有效地帮助我们化解误会。

第一，先表示赞同，然后进行补充。

当领导误解我们时，不要马上矢口否认，这样领导会认为我们是在甩锅、不给领导面子，这样的开局就断送了日后解释的机会了，所以我们应该以退为进，先赞同领导的判断，然后根据实际情况进行适当的补充："领导，您说得对，这个项目我确实犯了一些错误，导致和公司的预期出现了偏差，如果我能和销售部门沟通好，让他们提供给我一些客户的资料，也不至于如此被动。"这样的表达既承认了"错误"，又在提醒领导"销售部门没有提供客户资料"这个重要信息，暗示主要责任并不在你身上。

第二，先背上黑锅，然后见机行事。

如果领导误解了你而你又没有马上解释的机会时，此时也不要着急，而是先默默地背上黑锅，然后缓一缓，等到领导的怨气消散了一些再去向领导解释，这样做是让领导的情绪平复一些，同时也是寻找更适合解释的场合，比如和领导单独相处或者共进午餐时："领导，不好意思让您上午那么生气，这件事我的确是有做得不够周到之处，这个我早就想跟您检讨了，不过呢，您可能不了解当时的情况是这样的……"领导也有同理心，也有判断力，何况你之前默默背了锅也算是给领导面子了，所以这时的解释领导基本都会听的，当然这个缓冲时间不能超过当天，否则领导可能会做出对你不利的决策，比如认为你不能担当重任把你调离当前岗位或者分配其他任务等。

第三，先扯其他话题，然后转入主题。

和领导解释误会不要直来直去，因为即便是你占理了，但是把领导逼到了墙角，你最后也是失败的。所以，和领导解释之前要绕开主题，从一个有趣的、轻松的话题入手，比如以类比的方式开场："领导，昨天看您发的朋友圈，您家的猫咪太可爱了，我以前也养过一只小猫，有一次家里花瓶打碎了，我以为是它干的就揍了它一顿，后来才知道是我儿子干的……"说完这段开场白再转入正题，解释你被误会的真相，这样领导就更容易接受了。

有时候，被领导误会再去解释，对我们未尝不是一件好事，因为解释误会能让领导进一步了解你的实际工作能力、工作环境以及他人存在的问题，这恰恰是在"和平状态"下无法获得的机会，另外，由于领导误解了你，内心或多或少会对你存在一些亏欠感，只要你不让误会加深、不正面反驳，领导往往也会在日后还给你一点人情，很可能就让你从此转运。

误会，是人与人之间必然存在的部分，别人会误会你，你也会误会别人，所以我们要以平常心看待误会的存在和发生，更要以积极的态度去解决，否则我们会持续受到伤害，更不要说在充斥利益纷争的职场，因此要学会以平和之心面对、以冷静之态沟通、以巧妙之词解释，才能把危机转化为契机。

避实就虚提要求

升职加薪、优化工作环境、获得团队支持……这些愿望是每个打工人所想的，然而在职场上，即便你工作足够努力，即便你人际关系处理得当，也很少会有领导主动满足你的要求，所以必须主动向领导提出来。当然我们也明白，不可能直接跟领导说"我想出任那个职位""我想搬到有落地窗的办公室"，只有学会避实就虚提要求，才有获得上述红利的可能。

小关在一家公司当会计，然而他的真正兴趣是做销售。一天，小关找到老板说："老板，我想换个办公室，现在这个环境不太好，太安静了。"老板一听愣住了："安静有什么不好呢？一般人不都是怕吵闹吗？"小关说："老板，我是那种喜欢凑热闹的人，人越少、越安静反倒是没有工作的欲望。"老板说："可你干的是会计，基本上就是这个工作氛围，除非出去跑业务。"小关说："跑业务也没什么不可以的，我以前有些朋友做钢材和水泥的生意，正好和咱们公司业务对口，能进到很多价格低质量高的货。"老板一听："既然你有人脉，还有兴趣，那我给你三个月的时间试试，如果不行再做老本行，你看怎么样？"小关高兴地点点头："那太好了，我一定做出成绩来！"

小关想要调职，但是他没有直接请求老板，而是从"换办公室"开始，逐步引起老板的好奇心，最后才介绍到自己的优势上——在建材领域有人脉。如果小关开门见山地说要跑业务因为认识人，这就会让老板很突兀，甚至会误解小关有跳槽单干的意思，反而是这种避实就虚、声东击西的表达更容易说服对方。

向领导提要求既是一个技术活，又是一个胆量活。技术是要掌握表达方法，胆量是要有足够的自信。有的人口才不差，能力不低，然而因为缺少自信，不敢在领导面前提要求，直接断绝了改变职场发展的可能。所以，我们要在掌握表达技巧的同时充满信心。

一般来说，职场上提要求主要是提高待遇、获得资源以及获得人脉这三大类上。对此，我们要采取不同的避实就虚策略。

第一，要求提高待遇。

很多人最怕谈的就是钱和职位，因为在他们看来这是领导最不愿意拿出来的，其实对领导来说，你能创造多少价值才是对方最关心的，而如果你能因为升职加薪为公司创造更多的财富，领导会很乐意满足你。所以，我们要把沟通的重点放在"产出价值"或者"当前待遇和价值不匹配"等问题上。比如，你可以这样对领导说："经理，我来咱们公司也五六年了，我负责这一块儿呢没有太突出的业绩，但是每年也能达标，没给公司拖后腿，可能因为太熟悉当前的岗位了，也没什么更大的挑战，有时候不免有些懒散，所以我想先休个年假。"领导听到你这样说，就明白你所说的"没什么更大的挑战"其实是说你能力过剩，只有匹配更高的职务才有继续发挥的空间，就会明白你的弦外之音不是休假，那么接下来就会和你探讨职务调配的问题了。

第二，要求获得资源。

如果领导为你安排的工作难度很大却没有提供相应的资金和设备等资源支持，这时候如果你不提要求，工作就很难完成，而背锅的自然就是你自己了，所以一定要大胆地向领导要资源，确保工作的进度："部长，感谢您这么看重我，把这个项目交给我，我是绝对有信心完成的，现在唯一不确定的是咱们的竞争对手，据我所知他们可是投入了血本，特别是在线下活动上，非要和咱们争这个金九银十，我们可不能疏忽大意啊。"通过和竞争对手的比较暗示"我公司资金投入不足",这样更能让领导产生危机感,从而满足你对资源支持的要求。

第三,要求获得人脉。

当你承接的任务需要大量人力资源支持时,就必须借助领导的力量为你调配,因为单靠你个人的威信和地位是很难获得他人帮助的,即便你真有这个能力,也会被领导认为有"僭越"之嫌,反而会降低对你的信任度,因此必须及时向领导提出来:"领导,我这个项目组目前是3个人,都是些老员工,经验都是非常丰富的,我特别感谢您给我这些骨干,我考虑咱们公司新员工也不少,虽然欠缺经验但专业素质过硬,干劲也足,如果让他们和老员工配合做这次任务,就能增长不少见识,以后都能独当一面了。"这段话中没有提及"人手不足"的信息,却建议"让老员工和新员工合作",那就是在原有人数不变的情况下增加人手,明面上是锻炼新人,实际上还是嫌人手不足,领导稍加琢磨就明白了。

混迹职场必须明白一个道理:不要因为脸皮薄而不敢提要求,否则出了问题你可能就是全责,而对很多领导来说,他们更看重的是结果而非过程,多要一点资金没什么,只要有对等的盈利就能接受,相反,如果你替公司节省资源和人力却没有好结果,领导可不管你是不是为公司着想，只会认为你能力不足让公司蒙受损失。

职场上有温情时刻，但更多的时候是残酷的战斗，而战斗都是以胜败论英雄的，所以为了一个辉煌的战果，我们就要集中最优势的资源，同样，为了发挥我们的作战水平，我们也有理由获得一个更有发展空间的位置，这些就是我们要通过个人努力去争取的。我们不要当那种动不动就哭着要奶喝的职场老油子，但我们更不能当那种牙掉了还吞到肚子里一声不吭的乖宝宝，职场是趋利避害的，这就是我们的生存法则。

CHAPTER

08

第八章

创业红利靠口才，走向巅峰告别低谷

持之以恒才有业绩上升空间

对创业者来说，第一桶金十分宝贵，也十分难得。在实力不强、人脉不广的初创阶段，抓取到一个客户都是难上加难。身为创业者，没有老板当你的后台，也没有同事助你一臂之力，你唯一能做的就是用死缠烂打的方式留住每一个宝贵的客源。

当然，这里所说的"死缠烂打"并非那种胶皮糖式的获客方式：抓着客户不放和电话轰炸，而是用持之以恒的态度不间断地和客户保持联络，最终促成交易。下面，我们就来介绍一下和客户保持联系的方法。

第一，通过书面材料定期向客户发送信息。

拿下客户的一个要点在于你的专业性，即你能够为客户提供有价值的知识和信息，当你在阅读文献或者浏览网页时，看到一篇文章或者某些数据对你的客户很重要，那就可以发送给对方，同时附上简短的说明，让客户知道你一直在关注对方，也了解对方的需求。比如，客户没有购买你们的策划服务，但是你知道客户迫切地想要了解大型活动的组织流程，所以在找到相关信息后转发给客户并说："您上次提到了贵公司今年要举办几次大型活动，这是我无意中看到的成熟方案，您可以参考一下，另外期待与您的合作。"这样一来，虽然客户未必会感动得要与你合作，但你在客户心中的印象分却提高了，日后如果有合作的契机，你很可能就是第一个选择对象。

书面联系具有一定的滞后性和不确定性，对于争取那种难度大、门槛高的客户比较适用，但想在短期内有转化价值就不易实现，所以不能心急。

第二，通过网络通讯方式向客户发送问候信息。

有时候，客户的确有需要合作的项目，但未必会第一时间想起你，而是会想起最近经常联系的合作伙伴，这是一种惯性思维，也是路径依赖，那么对于想要拓客的你来说，就要成为客户的"惯性思维"，最简单的办法就是节假日发送一些问候的信息，注意不要那种群发风格的，而是具有针对性的，一看就是为客户量身定制的，比如："值此中秋佳节，特地向您送去我们××公司最诚挚的祝福，希望贵公司今年在××行业里拔得头筹，延续圈内

××的称号，如有需要，敝公司定当全力配合，为贵公司的××愿景献上绵薄之力。"在这段祝福中，多次提到客户公司在业内的影响力、企业愿景等信息，就是在向客户暗示：我们是懂你们的企业文化的，有业务与我们合作会极大地提高匹配度。自然，客户如有需求就可能会试探性地询问一下，如果没有，那就等下一个节日再发送一条，说不定就有合作的可能了。

之所以采取网络通信的方式，是因为祝福这种事不必实时传递，贸然打电话会给客户带来困扰，特别是关系不熟的情况下，总之它要表达的是你对客户的善意、关注度和了解程度，这是你与对方未来合作的基础。

第三，通过电话方式在特殊节日联系客户。

当客户自己或者家人过生日、孩子考上大学或者毕业时，这时打电话送去祝福就显得诚意十足又不显突兀，因为这些日子对个人来讲有着重要的纪念意义，和一般的节假日不同。当然，打电话要选择在客户不忙的时间段，语气要真诚、礼貌但不必卑微，时间最好不要超过1分钟，比如客户生日时可以说："您好，听说今天是您的生日，自从和您相识以后，我增长了不少见识，从您身上也学到了不少东西，所以特地趁此机会向您送去祝福：身体健康、幸福快乐、万事如意，顺便沾沾您的喜气，我们这边有需要帮忙的尽管言语，最后祝您生日快乐！"

电话沟通，措辞往往是第二位的，语气和腔调才是第一位的，简单说，你要传递给客户的不是字面上的祝福，而是情绪上的祝福，也就是让对方感觉你是真心祝福对方，并非机械式地完成一个任务，这样才可能打动对方。我们之所以要把祝福分为文字和语言沟通两个部分，就是为了给客户制造一种惊喜，否则如果隔三岔五就祝福客户两句，那在生日这天也谈不上惊喜了。

人是感性动物，很多时候理性并不能起到关键的决策作用，只要和客户接触久了，不让对方反感，以真诚的态度相对，以恰当的语言沟通，能够站在客户的角度思考问题，大多数客户是可以攻坚下来的。或许你的第一桶金只够一个季度的水电费，但只有迈出这一小步，才有日后的一大步。

不同场合的表达技巧

见什么人说什么话，这是公认的真理。同样，什么场合说什么话，这也是我们需要掌握的表达技巧。对创业者来说，生活与工作往往是密不可分的，在你外出游玩时，可能会遇见对你最重要的某个客户，在出席非正式场合时，可能会遇见你一直想争取的合作伙伴，如何针对特定的场景选择适用的"语言安装包"，往往会决定沟通的最终结果。下面，我们就来盘点一下不同场合下如何表达的技巧。

第一，正式场合。

正式场合一般指与客户、合作伙伴的商务会谈、商务宴会以及其他商务活动，在这些场合中，你的言行必须要严肃和庄重，说话要注意分寸，不要表现出过多的个人情绪（包括正面的情绪），因为你的这些表现都会影响在对方心目中的印象。为此，你要遵守三条法则。

1. 不要打断或者反驳对方。

正式场合中，每个人代表的身份往往不是个人，而是背后的企业、集团或者联盟。所以打断和反驳这种不礼貌的行为十分惹人讨厌（商务谈判暂不在讨论范围），即便是对方发表的言论不被你认同，你也应该微笑着说："您的话我理解了，今天暂不展开讨论，不过我会认真考虑您的意见的。"这样并不是向对方示弱，而是初步试探对方的态度，为下一次沟通做好准备。

2. 说话要简明扼要。

如果是人多的正式场合，每个人都可能肩负着和多人沟通的任务，也容易受到外界的打扰，比如商务年会，所以我们讲话不要长篇大论，要直指要害，避免给对方留下"唠叨"的印象，因为言多必失。比如在介绍自己公司时可以用两句话完成："我们公司是本地第一家引用欧洲技术的，期望和本地产业联盟达成战略合作。"这句话介绍了"自身优势"和"合作目标"，能帮助彼此清晰的筛选目标，如果对方有合作意向就会和你深入讨论，而没有意向的人则也不必知道太多。

3. 认真回答对方问题。

正式场合的沟通可能影响某个项目、交易的推进，所以当对方询问你们公司的产品信息时，切莫用"质量很好""销量很高"

这样笼统的话回答，一来会让对方觉得你不够专业，二来会让对方误认为你没有拿得出手的纸面数据，所以尽量要给出具体的数字："我们的产品规格是……，第一季度的销量超过了xx，高于业内平均水平。"对于涉及商业机密的数字可以给出个大概或者通过比较的方式介绍，总之要给人一种直观感。

第二，非正式场合。

除了商务性质之外的见面，大多数都属于非正式场合，比如在休闲娱乐场所的偶遇、朋友圈的聚会、户外活动等等，不要小看这些场合，它们有时候会比正式场合中的沟通更有"经济价值"。既然是非正式，我们的言行举止可以不那么拘束，可以稍微放松一些。当然，有人会担心这会不会"暴露"本性？其实，非正式场合下你的客户、合作伙伴也是比较放松的，如果你故意作出严肃的姿态，对方也要被迫配合你，等于把非正式场合强行变回了正式场合，对你没有任何好处。不过需要注意的是，非正式场合中，直接和对方谈生意、谈合作是不现实的，因为对方很可能正带着家人休假，不愿意谈工作，另外也会因为有闲杂人等在场不便交流，所以这时你的表达重点应该是沟通感情、拉近你们的关系。

打个比方，你在足球场偶遇了一位意向合作伙伴，这时不要谈你们合作之后有多么光明的前景，而是坐在他身边，讨论一下比赛的进程，说出你喜欢的足球明星以及足球战术等等，加深你们在工作之外的了解，当然也可以适当夹带"私货"："某某队我从5年前就开始关注了，那时候他们的打法还不成熟，后来请了外援成绩也不理想，前年因为换主教练闹了挺多事，连输了好几场，气得我好几个晚上没睡着，去年跟某某俱乐部合作以后搞了几次集训，提升效果明显，多亏找对了合作伙伴啊。"这种点到为止、稍加暗示的方式，在当前场合下部突兀，又能表达你的心意，对方更容易接受。

一个成功的创业者，可以在任何时间、任何地点立即变身为一位沟通达人，为自己做主，为自己的事业谋求前程，这就意味着他不仅要会说话，还要具备在不同情境下的表达适应能力，那种准备着"万金油聊天公式"的人看似聪明，其实是表达技能拙劣的表现，只会葬送原本属于自己的机会。在开口之前，请先问自己三个问题：你在哪？你在和谁说话？你该怎么说？

人脉红利始于自创金句

生意场上，会不会聊天真的很重要。有些人开口一句话就让人觉得索然无味，而有些人则能持续地吸引别人听下去，哪怕他没有过硬的资质和优秀的产品，大家也愿意听下去，久而久之，能不能吸引到听众就成为创业者拓展业务圈子的关键。那么，为何会有如此大的差距呢？其实这和你的"表达创造力"有关。

或许你有过这样的经历：有些跑业务的人的确不怎么会聊天，在网上交流上来就是"王经理在吗？"让人不知道该怎么接（谁知道你是不是来借钱的）；面对面交流也是万年不变的"李总，请给我几分钟的时间……"总之，这些话术听起来又老套又无味，让人避之不及，给人的感觉就是这些创业者是翻了某个出版了N年的小册子学的话术，缺乏自主创新的意识。

让人愉悦的聊天，未必非要幽默风趣，有时候对方只希望你能言简意赅，不要没技术含量地兜圈子，更不要把不适用于当下情境的话术生搬硬抄过来。一个有理想的创业者，不仅要对产品有创新意识，更要对话术有创新意识，这样才能在拓展业务时给人眼前一亮的感觉。

第一，当对方一无所知时。

如果你想介绍给对方一个创意十足的产品，但对方却对此没有具体概念时，这时候如果生硬地介绍产品采用了何种新技术或者拿到了什么设计奖项往往效果不大，不妨用巧妙的比喻让对方理解："可能您对我们的产品还是缺乏形象的感知，这样说吧，猫喜欢吃老鼠，可是老鼠并不好抓，还有一大堆骨头，营养成分单一，可是如果给猫吃猫粮，那就解决了口味、营养、食用效率等多方面的问题，这就和我们的产品是相同的理念。"对方一听，会觉得你能深入浅出、生动有趣地解释概念，和自己推荐的产品一样不刻板教条，自然就有了进一步了解的意愿了。

第二，当对方已有观点时。

如果你的客户已经有了习惯使用的产品，如果你的意向合作方已经有了长期合作的对象，这时候该如何劝说他们与你交易、达成合作呢？表达的整体思路是抛砖引玉，即把自己当成一个引导者，将对方的痛点一一展露出来，然后通过逐个破解来强化你的优势，最终达成目标。

打个比方，你要推荐给客户你们生产的办公设备，对方却一直有固定的供应商，那么你可以通过讨论"哲学性"的问题侧面暗示："您知道人为什么无法认识自己吗？因为当人足够聪明的时候，他的大脑也一定复杂，所以认识不了，可如果大脑变得简单了，他的思维方式也简单到无法认识自己了，这和贵公司目前的情况一样。"对方自然会疑惑地问："怎么说呢？"接下来你可以解释说："贵公司组织架构严密，分工明确，生产和管理效率都高，但就是因为架构太细致了，办公人员的痛点采购人员就不了解，采购人员的痛点财务人员就不了解，比如您现在使用的办公设备……"通过这种自问自答且带有思考意味的沟通，既避开了传统的营销话术，又能一针见血地指出对方的痛点所在，就很容易说服对方。

第三，当对方态度坚决时。

创业之路不好走，是因为很多时候我们错过了风口期，纵然你的产品和服务具有相当大的优势，但市场上的蛋糕早已被人瓜分殆尽，想要从别人口中抢食是非常困难的，弄不好还要被冠以"挖墙脚""不正当竞争"之类的恶名。即便如此，我们也只能硬着头皮上，但在话术策略上要讲究方式方法。当客户对你有着较强的抗拒心理时，你不要急着否定对方的认知，而是要向对方传递一个信息：如果未能达成原定目标，你的坚持是否还有意义。

比如，你想说服一个传媒公司与自己合作，共同构建行业的话语权，但对方一直和别人联手且渊源很深，这时贬低他人抬高自己是不明智的，不如用自嘲的方式旁敲侧击："我小时候大家都说我眼睛直、心眼直、脑子直，学校的大门改建了，我还是背着书包猫着腰朝前走，一下就撞墙上了，别人笑话我，我跟人家说'大门搬家没通知我！'"对方听了这番话，十有八九会陷入沉思，而你则可以在旁边慢慢观察，等待时机把话说明，这样有铺垫的话术才有贯穿力。

很多时候，你的潜在客户、合作伙伴并没有那么严苛，他们不求你有演说家一样的口才，不求你的高谈阔论必须是完美无瑕的，他们只希望你能用自己的方式表达出中心思想，让他们感受到一个活生生的人，而不是一个商务话术的复读机，你的话可以不够动听、不够睿智，但至少要有一点新意，让对方感受到你对待事业的憧憬和真诚。

关系破冰从"吃了吗"开始

作为创业者，有时候难免要经历一些"大场面"，最常见也最考验人的就是商务谈判了。谈判和日常沟通不同，它会牵涉到双方的根本利益，所以你不得不和对手据理力争。当然，有争论就会有情绪，一言不合，谈判陷入僵局也是常有的事情。遇到这种情况，我们就要学会让紧张的关系缓和，通过巧妙的表达实现"破冰"。

第一，主动创造和谐的谈判气氛。

要想避免关系"冰冻"，最好的办法就是把现场的温度提高，主动创造和谐的沟通氛围。很多时候，谈判气氛往往是在开局就形成了并会影响后面的沟通，因此对于弱势方来说，寻求一个良好的开端非常重要，那么和谐的气氛如何打造呢？

核心原则是保持礼貌友好的态度，这个不能流于表面，要给人一种"实诚感"，比如得知谈判代表不喜欢喝茶只爱咖啡，那就专门为对方准备咖啡，再比如对方的谈判席靠近窗户会被太阳直晒，那就拉上窗帘。当然，最重要的还是沟通，在自我介绍时要谦虚收敛："您好，我是公司的CEO，初创企业，资历有些浅，但是热情很高，请多指教。"简单几句话表达了自己的态度，也没低人一等，这才会让对方既被尊重又不敢轻易冒犯。另外，在说开场白的时候也要注意平衡双方的利益，不要给人一种"鸿门宴"的感觉。

需要注意的是，有时候谈判的氛围会随着时间的变化而改变，比如开场时大家都能保持克制，可突然一个敏感的问题抛出后，彼此的情绪就发生了急剧的变化，这是不可控的，但你一定要尽早察觉，否则当双方唇枪舌剑的交锋之后，有些话就很难收回了。所以在谈判前，一定要让己方人员统一思想和情绪，不可节外生枝。

第二，转移话题。

当谈判僵持不下时，有人下意识会选择让步，但这样做可能会带来两个负面结果：一是因为冲动牺牲了己方的大量利益，二是会让对方得寸进尺继续提要求。其实，缓和气氛未必要从话题本身入手，可以通过转移话题的方式，等到对方的情绪稳定之后再重新切入正题。

日本"经营四圣"之一的松下幸之助，有一次和欧洲一家公司谈判时和对方争执得十分激烈，甚至到了大吵大闹的地步，就在这时，松下冷静下来，叫停了谈判，然后趁着午休的时候重新理清了思路，等到下午继续谈判时，松下看到对方全都阴沉着脸，显然情绪还没有转变过来，于是松下开口说："我趁着午休去了一趟科技馆，在那里我参观了矩子模型，感受到了极大地震撼。人类的钻研精神实在让人叹为观止。"由于松下偏离了谈判的主题，导致对方以为这只是在随意地聊天而已，就渐渐放松了情绪，就在这时，松下忽然说："但是，人与人之间的关系却没有像科学事业一样得以发展。人与人之间总是充满猜忌和憎恨，那么，人跟人之间为什么就不能发展得更加文明一些、更进步一些呢？"松下说到这的时候，会场一片安静，这时他才把话题切回到正题上，但此时的气氛已经缓和许多，最后欧洲公司同意了松下提出的条件，双方达成了合作。

谈判就是一场心理战，谁不能控制好自己的情绪，谁就会陷入被动和失败。所以，面对咄咄逼人的对手，不如暂时忘掉主题，笑吟吟地看着对方问候一句"吃了吗"，聊聊美食，谈谈人生，说不定就能为你迎来转机。

第三，绵里藏针。

维持和谐的谈判气氛并不是一味地迁就对方，这样有时候只能助长对方提出更多的无理要求，反而会让双方关系降到冰点，所以我们要以互相信任、互相尊重为基础去维护和谐的气氛，该让步时让步，不该让步的时候，也要通过委婉的方式暗示，既给对方保留最后的面子，也展示出我们的底线。

所谓冰点，或者是双方误解造成的，或者是某一方的强势造成的，但不会是双方都心怀敌意造成的，这样的预设立场也难以真正破冰。所以，要想和平友善地解决问题，就先放下对眼前利益的执着，多期待长远利益的到来，只要你能从大局出发，从理性出发，不做情绪的努力，不做金钱的仆从，很多看似难以化解的矛盾总能找到破局之点，这不仅是表达的艺术，更是控制思维和情绪的艺术。

有理别喊，攻心为上

一个创业者的说服力有多强，前途就有多广：说服员工，才有团队凝聚力；说服合作对象，才有联盟向心力；说服客户，才有营销感召力。不过在实操中，很多创业者过于理性，当他们认为自己已经洞悉大局的时候，就摆出一副讲大道理的样子去说服对方，那架势颇有一种中国家长风："我这是为了你好！"。实际上，你有理未必就能让对方信服，因为人与人之间不仅要靠头脑交流，更依赖心灵交流。

《孙子兵法谋攻篇》中写道："攻城为下，攻心为上。"三国时期，诸葛亮对蛮王孟获七擒七纵正是用了这个法则，而如果诸葛亮只是认为自己掌握着天理，对孟获滔滔不绝地上起政治课，估计孟获更会坚定死磕到底的决心。同样，在生意场上也适用这套法则，想要说服他人按照自己的计划来，就要直击对方的心灵深处。

既然攻心为上是表达的法则，那我们如何在实践中巧妙应用呢？有两个方法非常实用。

方法一：迎合对方的贪婪。

"贪婪"并不只是贬义词，很多时候是中性词，它代表着我们对世界的基本欲求。无论面向客户还是合作伙伴，我们都要迎合对方的贪婪之心，这样才能激发起对方与我们合作、交易的兴趣，这里推荐使用"三明治沟通法"。

三明治沟通法指的是对人先表扬再批评最后再表扬的表达技巧，因为"批评"才是核心主题，所以需要两个"表扬"去包裹，这样对方更容易接受。当然，它的延伸意义就是"把最重要的负反馈信息包裹在两个正反馈的信息中"，其简化版本是"正反馈+负反馈"，最典型的例子就是"三个鸡蛋十块钱"要比"十块钱三个鸡蛋"更容易让对方接受，因为"鸡蛋"是人们想要购买的，代表着贪欲，而"十块钱"是人们要为此付出的代价，代表着牺牲，所以要把正反馈信息放在负反馈前面。

简化版容易理解，那么升级版"正反馈+负反馈+正反馈"该怎么使用呢？打个比方，你的合作伙伴问你："我只出最少的钱跟你合作，你能接受吗？"从你的角度看当然不能接受，但你不能直接回绝对方："对不起，我需要一个出资更多的合作伙伴。"正确的"三明治表达"应该是："您可以按照贵公司的实际需求选择合作模式，当然我们这边也有自己的考虑不会轻易改变，总的来说我们之间的合作我还是很期待的。"这段话的核心意思是"不会轻易改变"，即委婉地拒绝了对方，却用两个正反馈的回答进行包裹，听起来就顺耳很多了。

方法二：把自己变成对方的镜像。

既然我们的目标是要攻心，那么人心中哪些部分是比较柔软的、易于攻占的呢？当然是对方自己。听起来有些抽象，简单说就是模仿对方，让对方在你身上看到另一个自己或者有自己的影子，这样他们就不会采取过强的心理防卫机制，你则更容易说服对方。

最常用的方法是模仿对方的表达方式，比如惯用的词汇、语气和说话节奏。比如，对方喜欢使用网络词汇，那你也跟着玩网络上的流行梗，对方就很受用，再比如对方说话比较慢，那你也要放慢语速，按照对方的节奏沟通，对方就会对你有好感。当然，这些都是比较浅层次的，更深层次的还是心理上的镜像，比如和对方保持相同的价值观、思维方式、道德评判标准等等，这就很容易和对方产生共鸣。比如，你和客户聊了半天，对方还没有打定主意要与你合作，你发现客户很关注环保这个话题，就可以话锋一转："不瞒您说，我们公司的理念是走绿色低碳路线，我们的一些办公用品都是回收材料制作的，明年我们还要计划推出一批低功耗的产品，不知道您有没有兴趣?"这样一来，就和对方站在相同的频率上，后续的交易就可能促成了。

英国剧作家萧伯纳说过：沟通最大的问题在于人们想当然地认为已经沟通了。在那些掌握着"宇宙真理"的人看来，"我说得这么有理你必须要听"，然而这不过是一厢情愿的幻想，我们应该拿出更多的注意力放在沟通对象上，而不是陶醉于自己的演说稿。与其说表达是语言的艺术，不如说它是一门心理科学，嘴不过是输出的工具，脑不过是分析的设备，而起到决定性作用的是我们的心。

高效拒绝法：用"是"说"不"

生活中，很多人碍于面子，不忍心拒绝对方，结果给自己惹来一身的麻烦。同样，很多创业者也不懂得拒绝，因为他们担心会"逼走"客户，会"赶走"合作伙伴，会"气走"员工……然而不要忘了，拒绝永远是人最基本的权利，哪怕你有求于对方，也不必为了所谓的情分、关系而盲目答应对方，这从来不是什么善良，也不符合商业法则，这是性格上的软弱和表达上的疲软。

会拒绝的人，永远比只会说好话的人高一个段位，这个段位不是高在道德层面，而是高在了表达之道上。当然，拒绝有拒绝的方法，一口回绝那是真的蠢，所以我们提倡的是用"是"来说"不"。听上去这充满了矛盾，实际上这是一种通过"戏剧化转折"回绝对方的表达技巧。

一位长相出众的女经理，这天独自一人到一家咖啡馆休息，忽然来了一位看着帅气但满身渣男味儿的男人，问可不可以坐在她身边。女经理明白了对方意图，假装不懂地问："你在和我说话?"男人马上说:"对，我就是在和你这位美人说话。"女经理冷冷地说:"我是美女，不过是发霉的女人。"男人顿时来了精神:"你怎么能这么贬低自己呢? 我第一次见到像你这样气质好的女人。"女经理说:"对，我相信你，因为你从来就没见过女人是吧?"男人觉得有些扫兴，但还不死心:"怎么样? 跟我交个朋友好吗?"女经理说:"好啊，正好我欠了几十万的外债，是朋友就帮我还了。"男人听到这里，终于自讨没趣地走了。

女经理的高明之处在于，她一直正面接过对方抛过来的话题并表示同意，然而总是给出了意外的转折，很快让对方死了心，相反，如果女经理一味地否认自己是美女的话，对方会有更多的话术拿出来，这就是用"是"来说"不"的技巧。

表面接受，实则拒绝，除了女经理的"夸张式"表达之外，还有两种表达方式。

第一，抛出问题给对方，引起对方的思考。

直接拒绝对方是不敬的，但如果给对方提出一个假设，让他们进入到你所设定的情境里，那么他们就会意识到你拒绝的初衷是什么了，当然，这个表达方法需要对方和你有基本的共情，适合有一定了解的人之间，不适合针对陌生人。

三国时期，名士华歆在孙权手下当官，名气很大，后来曹操听说华歆是一位不可多得的贤才，就让皇帝下旨招华歆进京。当华歆准备启程时，他的亲朋好友们都认为这是一个巴结对方的好机会，于是带着各种贵重礼品赶过来送给华歆，但是华歆根本不想接受这些礼物，可又不好直接拒绝，因为这样做既会伤害感情，还可能给自己树敌，于是他照单全收并认真记录。过了几天，华歆设宴款待那些送礼的人，就在宴席即将结束时，他对大家说："你们送我的礼物我很喜欢，但我现在发愁的是，独自一人单车去京城，带着这么多贵重之物，万一遇上强盗劫匪怎么办呢？"大家顿时明白了华歆的意思，最后按照礼单各自拿回了自己送的东西。

华歆明面收礼，体现出"是"的意思，然而却用提出假设的方式引起大家的思考，进而让他们明白自己的真实想法，最终达成了"不"的目的。创业者往往要面对比较复杂的人际关系，在维护他人面子的前提下表达自己的立场是一项必修技能。

第二，用幽默的口吻绕开敏感区，迫使对方放弃。

幽默是一剂万能药，它不仅能够拉近人与人的关系，还能在拒绝他人的时候充当调味剂，让听起来不易接受的话多了几分趣味，能够最大程度化解彼此的冲突感，营造一种和谐的沟通氛围，这个表达方法很适合针对陌生人。

林肯在出任美国总统之后，不少人都找他帮忙。一天早上，当林肯在散步时，一位妇人忽然来到他身边激动地抓住他的手，用命令一般的口吻说："我希望你给我儿子一个至少是上校级别的职位，我们家族配拥有这样的职位！"林肯一听都懵了，就询问原因，只听妇人严肃地说："我祖父参加过雷新顿战役，我叔叔是布拉顿斯堡最后的坚守者，我父亲参加过纳奥林斯之战，我丈夫牺牲在曼特莱战场上。"林肯听到这里没有马上回答，而是做出一副十分尊重对方的样子点了点头，最后说："你们一家三代都为国奉献，请你能不能给其他人一个报效国家的机会？"妇人一听就知道自己被拒绝了，可面对态度真诚、满眼尊重的林肯，她又不好说什么，只能低着头走了。

面对这种"超级军烈属"，如果林肯正面回绝，既不够尊重对方，又会激起妇人的愤怒，场面一定非常难看，所以林肯才用幽默的逻辑表达肯定了对方家族的付出，又点明了自己的难处，成功地用"是"来达成了"不"。对创业者来说，这是既不得罪人又能保全自身利益的拒绝方法了。

学会接受，这是人生的第一次成长，它教会我们要和谐与世界保持一致，学会拒绝，是人生的第二次成长，它告诉我们：与世界和平相处的同时，也不要忘记自己的原则。个体的权益和独特性，与集体的利益和统一性，本质上并不冲突，关键在于我们要找到那个微小的结合点，当它们成功实现连接时，我们的事业和人生才会圆满，属于我们的红利才可能被发掘并源源不断地涌来，实现美妙的双向奔赴。